DEL
HECHICERO
MODERNO

Sello editorial MATIRI
D.R. © Editores Mexicanos Unidos, S. A.
Luis González Obregón 5, Col. Centro,
Cuauhtémoc, 06020, CDMX
Tels. 55 21 88 70 al 74

editmusa@prodigy.net.mx
www.matiri.mx
Miembro de la Cámara Nacional de la

Industria Editorial. Reg. Núm. 115.

Dirección editorial: Alex Laclau y Ana Elisa Moreno
Coordinación editorial: Jorge Magos
Revisión de contenido: Ana Elisa Moreno Manzanilla
Texto y edición: Alicia Nuñez Barboa
Corrección de estilo: Anairda Álvarez Torres
Diseño editorial y formación: Alma Lidia Vázquez Martínez
Formación: Carlos Bustamante Rosas
Diseño de portada: Ricardo Zaldívar Céh
Digitalización: Carlos Bustamante Rosas
Ricardo Zaldívar Céh

1.a edición 2022
ISBN 978-607-14-3932-1

Impreso en México
Printed in Mexico

MANUAL DEL HECHICERO MODERNO

First Edition
First Printing, 2016

Book design by Bob Gaul
Cover and card art by Scott Murphy, additional images by iStockphoto.com/64856153/©Giorgio Morara
Cover design by Kevin R. Brown
Interior spreads by Llewellyn Art Department

MANUAL DEL HECHICERO MODERNO

Ilustrado por
Melanie Marquis y Scott Murphy

También por Melanie Marquis

Beltane
(Llewellyn's Sabbat Essentials)
Lughnasadh
(Llewellyn's Sabbat Essentials)
Me Witch's Bag of Tricks
El mundo de la brujería
Witchy Mama
(con Emily Francis)

Acerca de Melanie Marquis

Melanie Marquis es la creadora del *Modern Spellcaster's Tarot* (*Tarot del Hechicero Moderno*), además de escritora de diversos libros, entre ellos *A Witch's World of Magick*, *Pe Witch's Bag of Tricks*, *Beltane* y *Lughnasadh*. Como fundadora de United Witches Global Coven y coordinadora local del Pagan Pride Project, considera un placer compartir la magia con los demás y ha ofrecido talleres y rituales a diversos públicos en Estados Unidos de América.

Agradecimientos

Un agradecimiento especial a Mia, Aidan y Andrew Harris por quererme a pesar de que soy escritora, a Zoltan Gaspar por sus aportaciones y su aliciente, a Calvin Carter por ser una persona extraordinaria, y a Barbara Moore por ayudar a hacer realidad mi sueño de Tarot.

Esta baraja de Tarot y su conjunto de libros están dedicados a Carl Llewellyn Weschcke, un Rey de Copas si alguna vez hubo uno. Gracias por inspirar e informar a los buscadores mágicos y espirituales del pasado, del presente y del futuro y por compartir tu luz con el mundo de forma tan brillante.

Copa

Cinco copas dispersas, enteras y destrozadas,
bajo la Luna y anhelando una Estrella.
Seis espadas llevadas, la pena tan enterrada,
el Ermitaño con sus ligeras zancadas adelante.
Una copa entre, cada sorbo, el Mundo,
luego fuera de la Torre, se vertió.
El Colgado, el Loco vinieron a llamar,
con dos espadas en la mano, para siempre.

Tres espadas atraviesan los radios
de la Fortuna,
la Justicia se ríe de su broma.
Pero aquí está la Fuerza
para domar a la bestia.
Tres copas levantadas,
una cuarta copa habla.
Nueve espadas detrás, nueve bastos delante,
El Juicio llama a la puerta.
Nueve copas apiladas y ocho escurridas,
la Estrella sobre la Luna llueve.
Entre los pilares se encuentran dos copas.
La Emperatriz muestra la calle oculta.
La estrella se deleita en dos copas vertidas,
uno en el mar, otro en la orilla,
Regando la tierra con el destino,
dos bastos vigilan, ocho Oros esperan.
De la Luna, una gota de Sol,
a través de la Templanza,
vertida de nuevo en una.

Una Sota de copas, una reina estrellada,
un As de bastos
y un Loco para parpadear,
Nueve bastos se dispersan
y nueve espadas se hunden,
y de la copa, bebemos profundamente.

Melanie Marquis

Introducción

El Tarot es un poderoso, versátil y provechoso medio, además de fácil de utilizar para muchos tipos de actividades mágicas, espirituales y prácticas. Ya sea si meditas con las cartas para aumentar tu conciencia espiritual, como si utilizas el Tarot para hacer un hechizo que traiga prosperidad a tu vida, todo lo que necesitas lo encuentras en esa pequeña baraja.

Ideal no sólo para la adivinación, sino también para la meditación, la exploración espiritual, y el lanzamiento de hechizos para casi cualquier objetivo que se pueda imaginar, el Tarot es, sin duda, una de las herramientas mágicas más útiles y adaptables que existen. Durante siglos, el Tarot ha sido amado por los buscadores espirituales, los practicantes de la magia y los estudiantes de lo oculto por igual.

La primera baraja de Tarot, con imágenes alegóricas, se originó en el siglo XIV en el norte de Italia, pero sus raíces incluso se remontan tiempo atrás. Al finalizar el siglo XIX, un juego de cartas que probablemente se originó en el Egipto mameluco llegó a Europa, y finalmente, se introdujo en el Tarot moderno. Dichas cartas presentaban cuatro palos: Bastones (que equivale al moderno palo de Bastos), Copas, Monedas (que equivale a Oros) y Espadas. Estas cartas, combinadas con las cartas de imagen alegórica (también conocidas como cartas de triunfo) de las primeras barajas italianas, crean la columna vertebral de nuestro Tarot moderno.

Con el paso de los años, el Tarot ha evolucionado hasta convertirse en mucho más que un simple juego de cartas o un instrumento de adivinación. Se ha convertido en un almacén de conocimiento esotérico y sabiduría espiritual, una forma de arte viva que expresa nuestras filosofías mágicas y ocultas, siempre crecientes y cambiantes.

Mientras examines el Tarot, desarrollarás tus propias ideas sobre la manera de interpretar las cartas y la forma de utilizarlas para otros fines mágicos y espirituales. Confía en ti mismo. No eres diferente de los aprendices de Tarot del pasado, cuyo trabajo revolucionario se convirtió en el estándar de hoy.

El Tarot es orgánico, y cada practicante que lo maneja lo puede adaptar, de la misma manera que diferentes cocineros pueden preparar un plato distinto con la misma selección de ingredientes, así, cada Tarotista le da su propio sabor al proceso. Hay que estar abierto a las ideas de otras personas y tomarse el tiempo necesario para estudiar la interpretación tradicional del Tarot a partir de diversas fuentes, pero, sobre todo, hay que dejarse guiar por el propio corazón y la propia mente.

UNO: Anatomía de un Tarot

El Tarot se compone de 78 cartas. 22 de ellas, las cartas del triunfo conforman lo que se conoce como arcana mayor. Representan arquetipos y conceptos universales como el Loco, el Emperador, la Justicia y la Fuerza. Las 56 cartas restantes se denominan arcanos menores, y están numeradas y divididas en cuatro palos como las cartas de juego ordinarias. En lugar de Corazones, el Tarot tiene Copas, y en lugar de Picas, el Tarot tiene Espadas; los Diamantes se convierten en Oros, y los Palos en Bastos. Cada palo tiene cartas numeradas del as al diez, más cuatro cartas adicionales que se llaman cartas de la corte: la Sota, el Caballero, la Reina y el Rey.

Correspondencias elementales y el Tarot

Los cuatro palos de los Arcanos Menores del Tarot están interconectados a uno de los cuatro elementos: Tierra, Aire, Fuego y Agua. Los Oros representan el elemento Tierra, mientras que las Copas están alineadas con el Agua. No obstante, los Tarotistas no están de acuerdo cuando se trata de los Bastos y las Espadas. Unos consideran que los Bastos son un palo de Fuego, mientras que las Espadas se asocian con el Aire.

Empero, particularmente en esta baraja y en muchas otras, encontrarás estas alineaciones invertidas, con los Bastos representando el Aire, y las Espadas representando el Fuego. Estas correspondencias proceden de la tradición de la brujería, en la que el *athame*, un tipo de cuchillo de doble filo utilizado en los rituales, con frecuencia se asocia con el elemento Fuego, mientras que la varita, otra herramienta ritual, se asocia a menudo con el elemento Aire.

Estar consciente de las correspondencias elementales en el Tarot, facilita la interpretación de las cartas. Cada elemento tiene sus propios temas y otras asociaciones que se reflejan en cada una de las cartas del Tarot que pertenecen al palo correspondiente. Si estás familiarizado con estas asociaciones, instintivamente sabrás al menos algo sobre cada una de las cartas de los Arcanos Menores, que componen más de la mitad de la baraja.

Ten en cuenta que las distintas barajas pueden asignar los palos y las alineaciones elementales de forma distintas. Si decides utilizar las asociaciones elementales para ayudarte a leer el Tarot, lograrás los mejores resultados utilizando el sistema de correspondencia que se encuentra seleccionado para la baraja concreta que estés utilizando. Aquí están los palos y las asociaciones elementales para esta baraja de Tarot:

Elemento de los Oros: Tierra

Correspondencias: La seguridad, la estabilidad, los recursos, la fuerza, el equilibrio, los cimientos, la salud, la prosperidad, la protección, el crecimiento, los aspectos sólidos y sustentadores de la Naturaleza, el cuerpo físico.

Elemento de los Bastos: Aire

Correspondencias: El movimiento, el cambio, la rapidez, el flujo, la acción, el pensamiento, las ideas, la comunicación, la liberación, la cualidad siempre cambiante de la Naturaleza, el espíritu, la mente.

Elemento de las Espadas: Fuego

Correspondencias: La destrucción, la fuerza, el poder, la pasión, la autoridad, la dominación y la sumisión, las limitaciones, la lucha, el conflicto, el trastorno, el caos, el dolor, la pena, la ansiedad, el miedo, el desequilibrio, la voluntad, el ego, los aspectos destructivos de la Naturaleza.

Elemento de las Copas: Agua

Correspondencias: La creatividad, la alegría, la inspiración, el amor, la pasión, la compasión, el alma, las emociones, los aspectos creativos y nutritivos de la Naturaleza.

Un Tarot hecho para la magia

Esta baraja se diseñó, específicamente, para ser eficaz como herramienta mágica y como sistema preciso de adivinación. En cada baraja encontrarás tótems de animales y otros símbolos mágicos que te ayudarán a hacer tus hechizos de Tarot más poderosos y efectivos, y a proporcionar más pistas sobre los significados adivinatorios del Tarot. Estos son algunos de los símbolos que encontrarás en esta baraja:

Yin y Yang: Dualidad, polaridad y unión.

Triqueta: Manifestación, magia, fuerzas creativas que se unen.

Cuadrado: Estructura, orden, límites, restricciones, fronteras.

Estrella de cinco puntas: Equilibrio (o desequilibrio), o jerarquía.

Hexagrama: Perfección, armonía, poder mágico unificado.

Triángulo dentro de un cuadrado: Símbolo de la chispa de la esperanza, la magia, la vida y el deseo que se encuentra en el centro de todo.

Estrella de ocho puntas: Equilibrio y fuerza.

Símbolo de la diosa:[1] Los ciclos, el poder mágico y la unión.

Hexagrama: Totalidad y finalización.

Peces: Fertilidad, suerte, alegría, el subconsciente.

Tortuga: Paciencia, seguridad, longevidad, creatividad.

Perro: Lealtad, protección, ayuda, comodidad.

Ardilla: Ingenio, preparación, energía, prudencia.

---

[1] Estrella de nueve puntas encerrada en un círculo.

Pájaro: Movimiento, rapidez, visión clara, una perspectiva superior.

Insecto alado: Energía, rapidez, actividad, una cualidad efímera.

Lobo: Instinto, inteligencia, miedo, fuerza.

Toro: Terquedad, fuerza, virilidad, fuerza de voluntad.

La numerología y el Tarot

Además de las correspondencias mencionadas con antelación, las correspondencias numerológicas también pueden utilizarse como un atajo para la interpretación del Tarot. Une el significado del número con el significado del elemento, y tendrás una idea bastante buena de la fuerza de cada carta numerada de los Arcanos Menores. Basado en un sistema enseñado por Gary Meister, un Maestro de Tarot Certificado, aquí hay algunas asociaciones posibles para los números del uno al diez para ayudar a guiarte en tu interpretación del Tarot:[2]

1. La unidad, la totalidad, los comienzos, la esencia pura o esencial del elemento representado.

2. Aspectos dualistas, equilibrio, unión, división.

3. Realizar la actividad sugerida por el elemento representado, la creación, la expresión.

---

[2] Secrets of Tarot Numerology: Lessons 1-12, Tarot Reflections, April 5, 2008, accessed August 5, 2015, **www.ata-Tarot .com /reflections/04-05-08/secrets_of_ Tarot_numerology.html**

4. Poner en forma, sostener, estructurar, ordenar.

5. Caos frente a control, desequilibrio, jerarquía de poderes.

6. Belleza, perfección, paz, armonía, soluciones.

7. Sueños, deseos, anhelos, esperanzas, suerte.

8. Poner en práctica la idea esencial, el poder o la fuerza o el aspecto equilibrador del elemento, el realismo, la practicidad.

9. Finales, ciclos, archivar, poner en su sitio, llevar lo que se simboliza a una cabeza, atar.

10. Vértice, expresión más extrema o pura del elemento representado, exceso, finalización.

Por ejemplo, en el caso del Tres de los Oros, sabes que los Oros pueden representar recursos, mientras que un tres puede simbolizar la participación en una actividad sugerida por el elemento representado. ¿Qué tipo de actividades realiza la gente con relación a la idea de recursos? Por un lado, la gente trabaja para obtener recursos, y uno de los posibles significados del Tres de Oros es el empleo. Otro ejemplo: echemos un vistazo al Ocho de Copas. Se nota que un ocho puede representar el realismo y la practicidad, mientras que las copas pueden relacionarse con el amor y las emociones. Uno de los significados que muestra el Ocho de Copas es la idea de dejar de lado las relaciones que ya no son nutritivas, es decir, ser práctico y realista en lo que respecta al amor.

No te detengas demasiado en este sistema, ya que únicamente revela una parte del simbolismo del Tarot, pero tenlo en cuenta si quedas indeciso con una carta en particular, y necesitas algo de orientación.

DOS: Cuidado y mantenimiento del mazo de Tarot

Como artículo mágico, tu baraja de Tarot está expuesta a recoger las vibraciones de las energías con las que entra en contacto, un hecho que puede trabajar tanto a tu favor como en tu contra. Tener una baraja de Tarot llena de energía mágica positiva definitivamente es algo bueno; en cambio, si está cargada de vibraciones negativas interferirá con su uso como dispositivo mágico y como herramienta de adivinación. Saber la manera de aumentar energías deseadas a tu baraja, así como eliminar las indeseables, es una parte fundamental del mantenimiento del Tarot para que siga funcionando correctamente y con eficacia. En este capítulo, aprenderás la manera de cargar tu baraja con las cosas buenas, así como a eliminar lo malo, también obtendrás algunos consejos para el cuidado básico del Tarot.

Qué hacer y qué no con el Tarot básico

Para mantener tu baraja de Tarot en óptimas condiciones físicas, sigue estas reglas:

- Procura no exponer tu baraja a la luz solar directa durante periodos prolongados. Las tintas pueden desvanecerse rápidamente bajo la luz deslumbrante.

- Ten cuidado cuando leas al aire libre, las cartas, con el viento, pueden volarse.

- Conserva tu Tarot en una caja o bolsa reservada específicamente para ese fin, y mantenlo en un lugar seguro donde nadie más lo tome y las mascotas no lo maltraten. Envuelve tu baraja en seda, cáñamo u otro tejido hecho con fibras naturales, esto ayudará a preservar las energías de la baraja, así como a proteger las vibraciones no deseadas. Mantener las tarjetas juntas y en el mismo lugar también reducirá el riesgo de extraviarlas.

- Si utilizas una selección de cartas de Tarot para un hechizo mágico, anota qué cartas utilizaste y dónde las guardaste. Si eres una bruja desorganizada, como yo, puede que un día abras un libro al azar y encuentres una carta de Tarot que habías guardado allí años antes para algún propósito mágico ya olvidado; o puede que des una serie de lecturas y notes que tres de las cartas de la baraja están todavía en tu altar. Las cartas del Tarot se pierden fácilmente, así que no las descuides. Lo ideal es tener una baraja para las lecturas y otra de reserva para la magia, de modo que tengas la libertad de hacer los hechizos de Tarot que quieras y siempre tengas una baraja completa a mano para las lecturas.

- Para evitar que se mojen y se dañen, conserva las bebidas y los aperitivos en una mesa lateral cuando estés dando lecturas, en lugar de colocarlos justo a tu lado.

- Si se derrama algo sobre las cartas, límpialas suavemente con un paño fino y seco; en caso de que las cartas se hayan quedado pegadas, mantenlas sobre una tetera humeante durante unos minutos antes de intentar separarlas. Después, limpia bien cada carta con un paño ligeramente húmedo y luego con un paño seco. Enseguida, extiéndelas individualmente hasta que estén completamente secas. Puedes acelerar el proceso de secado con una secadora colocada en el nivel más bajo; sólo tienes que sujetar la baraja con una mano y mover la secadora de un lado a otro a unos pocos centímetros de la baraja. Si todo esto falla, siempre puedes pedir una baraja de repuesto.

- No te preocupes si tus cartas acaban con algunos golpes y magulladuras. Le da carácter a la baraja, ya que cada mancha y cada arañazo es un recuerdo de las lecturas y hechizos anteriores.

Cargar la baraja

Para que tu Tarot se convierta en algo más que una simple baraja de cartas requiere estar en sintonía para captar las energías espirituales y las vibraciones psíquicas. Una forma de iniciar este proceso es mirar carta por carta. Observa cada imagen y deja que tus sentimientos e imaginación fluyan hacia la carta. ¿Qué emociones, ideas o mensajes te transmite esta carta en particular? Deja que todo lo que te venga a la mente fluya hacia la carta que tienes en tus manos. Este ejercicio te ayudará a conocer tu nueva baraja y a sacar a relucir sus atributos más profundos.

También puedes mantener tu nueva baraja de Tarot cerca de ti durante unos días para que se alinee con tu energía personal. Puedes dormir con ella debajo de tu almohada o cerca de tu cama, o llevarla contigo en un bolsillo o cartera. Reconoce, examina y maneja tu nueva baraja con la frecuencia que te sea posible.

Si quieres dar a tu baraja un poder mágico adicional y sintonizarla con las vibraciones del mundo que te rodea, considera la posibilidad de infundirla con energías solares, lunares o elementales.

Carga solar

Para cargar tu baraja con el poder del sol, al amanecer o al mediodía saca tus cartas al exterior. Tómate un momento para despejarte. Sostén las cartas en tus manos, o colócalas con una piedra pesada u otro peso encima para que no se vuelen. Percibe que la luz del sol cae sobre ti y sobre tu Tarot, y visualiza que este poder recorre todo tu cuerpo y la baraja de cartas, infundiéndoles a ambos el poder solar. Si quieres, añade energía adicional a tus cartas colocando sobre ellas o a su alrededor, una muestra de ingredientes mágicos de sintonía solar. Puedes espolvorear una pizca de sal sobre las cartas o tocarlas suavemente con un trozo de cristal de citrino o una flor de caléndula. Un círculo de velas amarillas, doradas, blancas o anaranjadas encendidas también será de utilidad. Deja las tarjetas al aire libre para que tomen el sol durante unos minutos, pero no las dejes mucho tiempo fuera puesto que pueden decolorarse. No olvides ponerles algo pesado para que no se las lleve la brisa y colócalas lejos de zonas frecuentadas por mascotas, ardillas, pájaros u otros bichos. Si lo deseas, reza el siguiente conjuro u otro de tu propia creación:

Tan brillante como el sol,
esta baraja ilumina las sombras.
¡Me muestra lo que está oculto,
las profundidades y los bajos fondos!
Caliente como el sol, ¡chispea
la llama de la verdad!
Muéstrame todo lo que deseo,
todo lo que pido, ¡por favor!

Una vez cargadas las cartas, envuelve la baraja en un paño amarillo o blanco o en una bolsa de Tarot y llévala al interior. Para ayudar a mantener frescas las energías solares, guarda tu baraja con unos trozos de cristal de citrino o de cuarzo transparente, y utiliza las cartas al aire libre bajo la luz del sol o cerca de una ventana soleada con regularidad.

Carga lunar

Para cargar tus cartas con energía lunar, colócalas en el exterior bajo la luz de la luna llena o creciente. Apoya las cartas con una piedra pesada u otro objeto para evitar que el viento se las lleve y asegúrate de que estén colocadas fuera del alcance de las mascotas y de los niños.

Coloca tus manos sobre tu baraja y respira profundamente para centrar tus energías. Siente cómo la luz de la luna baña tu piel y flota sobre tus cartas, encantando todo lo que toca con un poder místico y mágico. Si quieres, rodea o cubre las cartas con hierbas de alineación lunar, como la artemisa, la amapola, el enebro o el sauce. También puedes utilizar amatista, piedra lunar, selenita u otras piedras asociadas a la luna. Además, se puede incorporar un espejo; basta con colocar la baraja encima de un espejo para que el reflejo de la luna sea total o parcialmente visible desde detrás de las cartas. Si lo deseas, potencia las cartas con el siguiente conjuro, o crea el tuyo propio:

Como el brillo encantador de la luna,
me muestras lo que necesito saber.
Tanto si es una desgracia
como si es una bendición,
me muestras la verdad, ¡como la luna!

Deja las cartas afuera durante la mayor parte de la noche, pero haz lo posible por recuperarlas antes del amanecer. Envuelve las cartas en un paño o bolsa de Tarot de color púrpura, negro o plateado y guárdalas en una caja o cajón, en algún lugar alejado de la luz solar directa. Para mantener las energías lunares fuertes y vibrantes, coloca unas cuantas piedras lunares, amatistas u hojas de sauce junto a tus cartas cuando no las utilices, y trata de utilizarlas por la noche cuando sea posible. En cada luna llena, coloca la baraja en el exterior durante un rato para que pueda absorber esos poderosos rayos lunares.

Carga de fuego

Para cargar las cartas con el elemento Fuego, rodea tu baraja con nueve velas. Si tienes un buen candelabro que no deje escapar la cera, puedes colocar ocho de las velas en un círculo alrededor de la baraja, mientras la novena, la colocas (en su soporte) encima de las cartas. Pide que el elemento Fuego sea atraído hacia las cartas, cargándolas con una energía feroz y ardiente, iluminadora. Imagina que las zarzas u otras obstrucciones son azotadas por las llamas, al igual que el Fuego de tu baraja de Tarot eliminará cualquier obstáculo que oscurezca la verdad. Si quieres, utiliza un conjuro como el que aparece a continuación, o escribe el tuyo propio:

¡Esta baraja como la llama
está siempre creciendo!
¡Siempre sabiendo, siempre brillando!
¡El fuego viene, y el fuego se queda!
¡Ilumina y despeja el camino!

Deja que las velas ardan durante un rato para que las cartas se carguen totalmente, luego apaga las llamas mientras agradeces al elemento Fuego su ayuda. Para mantener tus cartas recién infundidas con el elemento Fuego, frecuentemente haz lecturas a la luz de las velas, protege las cartas de las temperaturas frías y repite el ritual anterior siempre que sientas que las cartas necesitan una recarga.

Carga de la Tierra

Para cargar tu baraja con los poderes del elemento Tierra, en un día claro saca las cartas al exterior. Coloca un paño café o verde directamente en el suelo, y coloca la baraja de Tarot encima. Apoya las cartas con una piedra para mantenerlas en su sitio.

Toma una pizca de tierra seca y sostenla en tus manos mientras piensas en la fuerza de la tierra, ese cimiento firme que nos proporciona confort, alimento y un suelo sólido sobre el que apoyarnos. Piensa en que deseas que tus lecturas de Tarot también te proporcionen estas cosas, y espolvorea la tierra encima de la baraja. También puedes rodearla con algunas piedras y plantas asociadas con el elemento Tierra, como el jade, el azabache, la piedra imán, el jaspe marrón o verde, el pachulí, las hojas de roble, las bellotas o un grano como el trigo. Un sencillo conjuro para sellar el amuleto podría ser algo así:

¡Poderes de la Tierra, entren en este Tarot!
Montañas, colinas y campos fértiles,
las playas y los túmulos
Como la tierra sólida, como la piedra más dura, estas cartas se mantienen firmes
mientras brilla la verdad.
Muéstrame lo que anhelo saber,
y ayúdame a cultivar las semillas
que siembro

Si prefieres, envuelve la tela de forma segura alrededor de las tarjetas junto con la tierra, las piedras y otros elementos. Cava un pequeño agujero y coloca el fardo en el suelo. Asegúrate de comprobar la previsión de lluvias antes de intentarlo. Puedes dejar la baraja en el suelo durante unas horas o toda la noche. Si quieres dejarlo enterrado durante más tiempo para que pueda absorber aún más las poderosas energías de la tierra, colócalo en una caja de madera resistente o en otro recipiente sólido y protector antes de enterrarlo. Cuando recuperes tu baraja, cepilla suavemente la tierra y cualquier materia vegetal suelta, y envuelve la baraja en un paño café o verde, en una bolsa de Tarot, o guárdala en una caja de madera o de piedra. Puedes colocar algunas piedras de jade, piedras de imán o bellotas cerca de tu baraja para ayudar a que tus cartas se mantengan cargadas con los poderes del elemento Tierra. También procura hacer lecturas al aire libre siempre que sea posible, y repite el ritual anterior anualmente o siempre que sientas que la baraja necesita una recarga.

Carga de Aire

Para cargar tu baraja con los poderes del elemento Aire, llévala al exterior en un día de brisa. Sostén las cartas firmemente en tus manos mientras sientes cómo el viento se arremolina en tu piel y alrededor del Tarot. Piensa en el poder que el viento tiene de poner las cosas en movimiento, la manera como transporta las semillas de los futuros bosques, y cómo ayuda a los pájaros a elevarse. Sopla tus cartas, dejando que el poder de los vientos salvajes hable a través de tu respiración. Vuelve a llevar las cartas al interior y enciende un poco de incienso. La salvia es una buena opción, pero cualquier cosa que te atraiga funcionará bien. Deja que el humo del incienso fluya sobre la baraja. Coloca las cartas sobre un paño amarillo, azul pálido o gris nebuloso y, si quieres, rodea la baraja con plumas y hierbas alineadas con el Aire, como la lavanda o el eneldo. Utiliza el siguiente conjuro para sellar el hechizo, o escribe uno nuevo de tu propia creación:

Por los poderes del Aire,
esta baraja se atreverá a mostrar la verdad
y a dejarla al descubierto.
Al igual que el viento sopla tan rápido,
¡el camino por delante lo mostrará esta baraja!

Envuelve las cartas en la tela o colócalas en una bolsa de Tarot, añade unas cuantas plumas y una pizca de alcaravea, eneldo, perejil, lavanda u otra hierba que esté en sintonía con el elemento Aire. Para mantener activo el encanto de las cartas, sácalas a la brisa de vez en cuando, y sopla sobre ellas o quítales el polvo con una pluma cuando empiecen a sentirse estancadas.

Cargo de Agua

Para cargar tu Tarot con el poder del elemento Agua, lleva la baraja a una fuente de agua cercana, tal vez un río, un arroyo, un estanque o el océano. Colócate cerca de la orilla del agua, y mantén las cartas firmemente en tus manos sobre el agua. Mientras lo haces, piensa en las cualidades nutritivas y transformadoras del agua. Visualiza un río que se abre paso a través de una piedra sólida; en tu mente, ve un campo de flores bebiendo la deliciosa lluvia. Visualiza la energía de la masa de agua que tienes ante ti y ve cómo este poder se eleva para infundir una nueva capacidad a tu baraja. Termina con un conjuro para expresar firmemente tus intenciones; puedes escribir el tuyo o utilizar el que aparece a continuación:

Agua, llena estas cartas con fuerza,
¡para cambiar los destinos,
para cortar el rumbo! Como el agua fluye
y el agua alimenta,
¡así que estas tarjetas revelarán la necesidad!

Envuelve las cartas en un paño o bolsa de Tarot de color azul o verde mar, junto con una muestra de piedras y hierbas afines al agua, como aguamarina, perla, avellana o sauce. Incluso, puedes meter unas cuantas conchas o trozos de cristal de mar en tu bolsa de Tarot. Para mantener vibrantes las energías del agua, utiliza la baraja cerca de cuerpos de agua naturales siempre que sea posible, y siempre ten a mano un vaso de agua mientras haces tus lecturas. Repite el ritual anterior cuando sientas que las cartas necesitan un impulso de energía.

Limpieza de la Baraja

Si realizas muchas lecturas para diferentes personas, alguna vez podrías encontrar que tu baraja de Tarot ha recogido algunas energías indeseables. Puede que ésta tenga una sensación desagradable o aburrida, o quizá, las cartas sencillamente no parecen funcionar como deberían. Otras veces, puedes sentir que sigues recibiendo (¡O dando!) prácticamente las mismas lecturas una y otra vez, como acontece cuando te has quedado atascado en una rutina emocional o mental. Quizá hayas estado ignorando un mensaje importante durante mucho tiempo, e inclusive después de recibir el mensaje, la baraja parece atascarse al momento de entregar ese mismo mensaje una y otra vez. Si cualquiera de los escenarios anteriores u otra cosa que ocurra hace que tu baraja se sienta rancia, estancada, desequilibrada, negativa, o de alguna manera no del todo bien, es el momento de darle una limpieza profunda.

Existen muchas maneras de limpiar una baraja de Tarot. Yo prefiero utilizar un enfoque heterogéneo pero sencillo, empezando por frotar las tarjetas con un paño suave y seco. Paso el paño a lo largo de cada lado de cada carta, agitando el paño periódicamente para expulsar las vibraciones no deseadas que estás limpiando. Imagino que estas energías se neutralizan al volver a entrar en el aire circundante. Enseguida, saco la baraja al exterior, bajo la luz del sol, y la rocío con una buena cantidad de salvia o de sal. Coloco un trozo pesado de cristal de cuarzo sobre la baraja para mantenerla en su sitio, y la dejo a la luz del sol durante un rato hasta que la siento completamente limpia y purificada. Luego, recargo mi baraja con mi método habitual, que es la carga lunar descrita anteriormente. La limpieza de una baraja de Tarot elimina las vibraciones negativas que se aferran a las cartas para dejarlas frescas y despejadas para que absorban nuevas energías, aunque, a veces, las energías positivas también se eliminan inadvertidamente en el proceso. Siempre que limpies tus cartas a profundidad, es una buena idea seguir con una recarga profunda, del mismo modo. Puedes recargar la baraja utilizando cualquier método que te resulte atractivo, desde un ritual completo hasta simplemente cubrir y rodear la baraja con cristales de cuarzo transparente.

Limpieza profunda de alta intensidad

Esporádicamente, y quiero decir *muy* ocasionalmente, puedes encontrar que la sal y la salvia no son suficientes para la limpieza de la baraja. A veces, cuando un personaje particularmente indeseable ha manejado tus cartas con malas intenciones, la energía negativa que ha dejado se aferra fuertemente y resiste cualquier intento de eliminación que no sea el más feroz.

Durante mis años de lectura del Tarot, únicamente me he encontrado con esta situación una vez. Generalmente, la salvia o la sal eliminan casi todo; pero si tus cartas siguen sin sentirse bien después de realizar tu ritual de limpieza habitual y sospechas que alguien puede haber manipulado tu baraja, deberás sacar algo de artillería pesada. Puedes probar frotando a fondo la cara y los bordes de cada carta con un imán, una piedra de imán natural, o un trozo de hematita, ya que estas poderosas sustancias ayudarán a sacar las energías que puedan estar escondidas en lo más profundo de cada carta.

Si la limpieza anterior no funciona, deberías considerar un arma mucho más fuerte: el acónito. También conocido como capucha de monje, el acónito es una planta venenosa altamente tóxica asociada con el inframundo. Es extremadamente eficaz para destierros y exorcismos, pero hay que tener mucha precaución debido a su alto nivel de toxicidad. Tanto el contacto externo como el interno con la planta de acónito puede provocar náuseas, parálisis, insuficiencia cardíaca y la muerte, por lo que no es una planta para usar casualmente. Esta planta debe ser respetada. Úsala con moderación y con mucho cuidado. Si decides probarla, utiliza guantes, no permitas que la planta toque tu piel, no respires el polen de sus flores, no la dejes tirada y no la ingieras bajo ninguna circunstancia.

Para limpiar tu baraja con acónito, ponte algún guante protector, coloca las cartas en un trozo de tela o papel, y encima coloca las hojas o flores de la planta de acónito. Piensa en tu deseo de limpiar las cartas de cualquier mala vibración persistente y proyecta esta intención en el acónito utilizando la fuerza de voluntad y la visualización. Deja todo esto durante varios minutos mientras imaginas que la baraja se limpia y vuelve a la normalidad, que la energía no deseada ha sido absorbida y destruida por el poder del acónito. Elimina el acónito de las cartas y deshazte de él adecuadamente. No debes dejarlo en un lugar donde los animales o los niños puedan ingerirlo accidentalmente. Lávate las manos para asegurarte de que no se te escape nada y restriega las cartas con un paño suave y seco.

Métodos rápidos de limpieza de baraja

Posiblemente tus cartas se beneficien de una rápida limpieza entre cada lectura para que las energías que quedan de las lecturas anteriores no influyan en la siguiente lectura. La falta de energía solamente se convierte en un problema si se realizan varias lecturas en una rápida sucesión, como puede ocurrir si se trabaja en una feria psíquica. Una limpieza rápida es diferente de una depuración completa. Con la purificación rápida, simplemente estás limpiando las energías superficiales, las secuelas de los patrones energéticos revelados en las lecturas anteriores. No se requiere recargar la baraja después de hacer una limpieza rápida porque ésta no es tan profunda. Cualquier encantamiento bien anclado en las cartas permanecerá intacto.

Hay muchas maneras de hacerlo. Un método sencillo es revisar la baraja y dar la vuelta a todas las cartas para que estén en posición vertical y todas mirando en la misma dirección. También puedes sostener la baraja sin apretarla y soplar aire entre las cartas mientras imaginas que cualquier patrón energético añejo o persistente flota y se aleja de la baraja.

Experimenta con una muestra de métodos de limpieza de la baraja. Con una fuerte intención, puedes limpiar la baraja con un toque de varita, una rociada de salvia o un rápido frotamiento con un trozo de hematita, azabache o citrino. Incluso, puedes crear una caja para limpiar la baraja, de manera que puedas simplemente colocar la baraja dentro durante unos segundos para limpiarla y cargarla. Puedes elegir una caja de madera seleccionada por sus propiedades metafísicas, como el pino para la purificación, ciprés para la alineación espiritual, o cedro para la estabilización. También puedes añadir algunas hierbas o piedras purificadoras y potenciadoras como el romero, la salvia, la caléndula, el cristal de cuarzo claro o el cuarzo rosa.

Cualquiera que sea la técnica que elijas, ten presente que la magia tiene mucho más que ver con la intención que con el método. Imagina que esas viejas energías se disipan para dejar tu baraja limpia y fresca para la siguiente lectura. Cree que será así, y descubre que efectivamente así fue.

TRES: Como leer una baraja de tarot

Mientras que el Tarot efectivamente es intrigante, la posibilidad de realmente ofrecer una lectura y tratar de adivinar el futuro con nada más que un paquete de cartas definitivamente puede ser intimidante, sobre todo, si eres un novato. Lo primero que puedes hacer para convertirte en un buen Tarotista es confiar en ti mismo. Se requiere tiempo para desarrollar una idea de trabajo del simbolismo y el significado del Tarot, así que sé paciente y bríndate la oportunidad de practicar y explorar sin la restricción del desaliento o la crítica. Como individuo único, seguro que aportarás algo insuperable a tus lecturas de Tarot.

Posiblemente tengas ideas sobre las cartas que no se pueden encontrar en los libros, y debes confiar en ello, así como permitir que esas ideas florezcan. También ten presente que el Tarot, como cualquier sistema de adivinación, opera juntamente con las creencias personales del practicante que lo utiliza. Si tienes en la cabeza que el As de Oros significa monos y nada más que monos, entonces seguro que así es como el As de Oros aparecerá para ti en tus lecturas.

Aunque el Tarot implica símbolos y significados tradicionales, no tengas miedo de agrandarlos y adaptarlos según tus propias ideas, opiniones y percepciones. En este capítulo, aprenderás a leer las cartas paso a paso y descubrirás algunos consejos y ejercicios que puedes utilizar para mejorar tus habilidades como lector.

Lectura del Tarot, paso a paso

Mi primer paso para hacer una lectura es mezclar bien las cartas, con el propósito de infundir las cartas con las energías de la persona que recibe la lectura del Tarot. Si estás leyendo para ti mismo y el tiempo lo permite, puedes sintonizar la baraja con tus energías llevando las cartas contigo o durmiendo con el mazo debajo de tu almohada, antes de barajar las cartas. Si estás leyendo para otra persona, la forma más sencilla de alinear el Tarot con las vibraciones del consultante es simplemente permitirle mezclar las cartas y llevarlas durante unos momentos. Dile al consultante que deje volar sus pensamientos y que deje fluir sus emociones de forma natural. Pídele que envíe las energías de estos pensamientos y emociones que fluyen de las yemas de sus dedos a las cartas mientras las mezcla.

Con frecuencia, cuando la gente es nueva en las lecturas de Tarot o no está del todo cómoda con el proceso, hay una tendencia a ser muy tímido sobre la manera de barajar las cartas. No puedo contar el número de veces que alguien ha barajado durante un segundo y luego se la ha devuelto como si tuviera miedo de tocarla más. A veces, hay que convencer suavemente al consultante para que mezcle las cartas más a fondo. A mí me resulta útil colocar la baraja sobre el tablero de la mesa u otra superficie plana, y pedir al consultante que mezcle las cartas en un montón grande y suelto. Se tocan y manipulan más las cartas de esta manera que con el barajado tradicional. Mientras el consultante baraja, debe guardar silencio la mayor parte del tiempo, pero que hable un poco aquí y allá para que la mente del consultante divague lo suficiente. Si una persona se concentra mucho en un resultado deseado o temido, lo que generalmente aparecerá en la lectura es el deseo o el miedo, y no un punto de referencia exacto de dónde se encuentra el consultante con relación al resultado en cuestión. Por lo tanto, asegúrate de distraer al consultante durante al menos unos momentos mientras baraja las cartas.

Esta es una buena oportunidad para repasar los fundamentos de la lectura del Tarot. Pregunta a la persona si anteriormente ha recibido una lectura. Cuando una persona recibe lecturas con frecuencia, las cartas generalmente tienden a centrarse en la situación actual e inmediata. Por otra parte, si estás leyendo para alguien que nunca o en mucho ha tenido una lectura, espera a que las cartas revelen una mirada más amplia y profunda en el progreso general del consultante a lo largo de su camino de vida. Tanto si la persona a la que estás leyendo es nueva en el Tarot como si no, mientras baraja las cartas recuérdale que lo que salga en la lectura no es el destino absoluto. Es conveniente explicar que el Tarot nos da una instantánea de dónde estamos actualmente, revelándonos los patrones y ciclos subyacentes que nos han llevado a este punto ahora mismo. El Tarot nos da pistas sobre el futuro para que podamos adaptar nuestro curso de acción actual para lograr los resultados que más deseamos. Enfatizar que todo es cambiante ayudará a tranquilizar a la persona a la que le lees. Si el consultante se muestra indeciso o extraordinariamente cerrado, o es demasiado tímido o temeroso de mezclar las cartas, es posible que tengas que barajar las cartas tú mismo para obtener la lectura más precisa. A veces, barajar las cartas tú mismo puede ser la mejor o la única opción. Por ejemplo, la persona a la que le lees las cartas puede estar lejos, o puede ser físicamente incapaz de barajar la baraja. También puedes decidir que no quieres que nadie más (o una persona en particular) toque tus cartas.

Sea cual sea la razón, habrá situaciones en las que tirar las cartas uno mismo, incluso cuando se lee para otra persona, será la mejor forma o la única. Cuando éste sea el caso, es posible que desees usar guías espirituales, quienes son entidades útiles que actúan como guardianes, ayudantes y útiles intermediarios que pueden facilitar el contacto y la comunicación con el reino espiritual o astral.

No todo el mundo cree en los espíritus guía, pero si lo haces y eres capaz de sentirlos, intenta sintonizar más y pedir a estas entidades que te ayuden a conseguir una baraja verdadera y precisa en las cartas.

Si tienes tu propio guía espiritual con el que trabajas, pídele que haga contacto con el guía del consultante y que te ayuden a barajar. También puedes consultar mentalmente la guía del consultante. Pídele que se acerque, para que puedas sentir una presencia detrás o cerca del consultante. Dirígete a esta presencia (puedes hacerlo en silencio por medio del pensamiento y la telepatía) y pídele que te ayude a guiar la lectura.

Cuando utilices la ayuda de un guía espiritual, sentirás un fuerte cambio físico. Puedes sentir una energía nueva o desconocida que se extiende por tus manos mientras mezcla las cartas, y sentir que tus manos son guiadas a barajar las cartas de una manera diferente a la que normalmente lo haces. Deja que la sensación te guíe y permite que tus manos se muevan y manejen las cartas de la manera que sientas. Cuando el espíritu guía haya terminado, sentirás que la energía exterior se desprende de tu cuerpo mientras vuelves a tu propio espacio. Agradece a los guías que te han ayudado para que estén dispuestos a ayudarte de nuevo. Hay otras cosas que puedes hacer mientras barajeas de antemano, para ayudar a garantizar una lectura precisa:

- Si es posible, establece contacto visual y físico con el consultante. Toca sus manos o, si es posible, al menos dale la mano. Si te gusta abrazar y a ellos también, dale un gran abrazo e intenta captar sus vibraciones mientras lo haces. ¿Cómo es la energía de esa persona? ¿Se siente positiva o negativa? ¿Se siente abierta o cerrada?

- Observa el aura general de la persona y su lenguaje corporal. ¿Parece que está angustiada?, ¿nerviosa?, ¿excitada?, ¿esperanzada? Sin sacar una sola carta, ¿sientes en tu corazón lo que más necesita esta persona? Tener una idea general del consultante y de su situación mental y emocional te ayudará a interpretar la lectura en la dirección correcta.

- Haz una pequeña charla. Adula a tu interlocutor, o pregúntale por un accesorio o una joya interesante que lleve. Hazle preguntas generales sobre su lugar de residencia o si ha disfrutado del tiempo. Busca un terreno común no conflictivo y no demasiado personal para explorar brevemente, eso ayudará al consultante a relajarse y sentirse mucho más cómodo, lo que, a su vez, hará que estén mucho más abiertos a la lectura.

- ¡Despeja tu mente! Frecuentemente, cuando tenemos algo en mente, hacemos una lectura para otra persona y nos damos cuenta de que varias cartas de esa lectura se aplican más a nosotros mismos que a la persona a la que estamos leyendo. Si estás en sintonía con tu baraja de Tarot, es lógico que esas cartas siempre tengan tus mejores intereses como prioridad. Si hay un mensaje que requieras recibir de las cartas, éstas continuarán gritando ese mensaje alto y claro hasta que prestes atención y a menudo sucede, en los momentos más inoportunos cuando estás leyendo para otras personas. Si sabes que vas a leer para otros, haz una lectura para ti mismo de antemano para ayudar a asentar tu cabeza y despejar cualquier asunto personal que tu Tarot pueda querer compartir contigo. Si no puedes hacerlo y las cartas que has echado para otra persona parecen aplicarse a ti, sé honesto con el consultante y vuelve a barajar, esta vez concentrándote en el nombre de la persona que recibe la lectura, y diciendo directamente a tus cartas que esta lectura es para esa otra persona y no para ti.

- Mantén cerca algunos objetos que te ayuden a potenciar tu poder psíquico. Las plantas vivas, ricas en oxígeno, como los helechos, y las piedras llenas de poder, como los cristales de cuarzo, ayudarán a elevar las vibraciones a tu alrededor para que el espacio sea más propicio para el trabajo psíquico. También puedes incorporar símbolos mágicos como Oros, mandalas, nudos celtas u otros motivos. Considera la posibilidad de utilizar colores como el púrpura, el blanco y el plateado, ya que estos colores se asocian con el poder psíquico y la espiritualidad. También puedes probar a encender algunas velas o incienso para ayudar a crear un ambiente mágico que te hará flotar por los reinos místicos en poco tiempo.

- Ten a la mano agua y bocadillos. Aunque un estómago demasiado lleno puede sobrecargar la mente psíquica, también puede hacerlo un cuerpo agotado, hambriento o deshidratado. Ten a la mano agua para que te ayude a calmar los nervios y a mantenerte hidratado. También guarda un poco de chocolate o fruta para ayudarte a recargar y fortalecer una psique agotada o demasiado extendida.

Una vez que las cartas están bien mezcladas, es el momento de cortar la baraja, si es algo que eliges hacer. A algunos lectores no les gusta cortar la baraja, mientras que a otros sí. Es una cuestión de preferencia personal. En lo personal, prefiero que el consultante corte la baraja con la mano izquierda (o la mano no dominante) para separarla en tres montones de derecha a izquierda. Se recoge la mayor parte de la baraja para dejar algunas cartas para el primer montón, luego se deja caer otro montón de la parte inferior de la baraja para hacer un segundo montón a la izquierda del primer montón, y las cartas restantes se colocan a la izquierda del segundo montón para hacer el tercer y último montón. A continuación, se recogen los montones en el orden en que fueron colocados, del primero al segundo y finalmente al tercero, de modo que el primer montón colocado se convierte en las cartas superiores de la baraja.

Si el consultante se equivoca en el corte de las cartas y acaba colocándolas en un orden diferente, encuentro que la lectura es a menudo confusa y tengo que pedir al consultante que vuelva a barajar y cortar las cartas de nuevo utilizando el método mencionado. Creo firmemente que esto únicamente ocurre porque yo creo que es así; si no creyera que las cartas tienen que ser cortadas de esta manera, lo más probable es que las cartas salieran bien sin importar cómo las haya cortado el consultante. Pero como tengo mi propio método favorito, mis cartas están en sintonía con él y han sido entrenadas para funcionar con ese método. Lo que quiere decir que, si eliges o no cortar la baraja, sigue tu método preferido para conseguir una mayor consistencia.

Ahora que tienes las cartas barajadas y preparadas, colócalas una a una en la tirada que vayas a utilizar. Si vas a leer para otra persona, ten cuidado de no invertir la baraja cuando tengas de la persona que lo ha pedido después de barajarlo. Mantén el extremo que está a la derecha del consultante en la misma posición vertical mientras colocas las cartas. Además, ten cuidado de voltear las cartas del mazo de izquierda a derecha a lo largo del eje horizontal en lugar de voltearlas de arriba a abajo a lo largo del eje vertical, lo que invertirá sus posiciones y hará que todas las cartas verticales estén invertidas y todas las invertidas estén verticales. Si al voltear las cartas se observa que casi todas están invertidas, es muy probable que la baraja se haya volteado en algún momento. Simplemente puedes leer las cartas como si estuvieran derechas, o hacer que el consultante vuelva a barajar y lo intente de nuevo.

Me gusta sentarme a un lado de mi consultante en lugar de enfrente de él, ya que así es mucho más fácil asegurarse de que la baraja se mantiene en la posición correcta.

Una vez que hayas colocado todas las cartas, empieza abriendo tu mente psíquica, dejando que te lleguen impresiones, emociones o imágenes. Tenlas presentes a medida que avanza. A continuación, utiliza unos minutos para revisar las cartas y hacerte una idea de su orientación general. No empieces a interpretar la primera carta hasta que hayas mirado todas las cartas y hayas determinado hacia dónde se dirige la lectura en general. ¿Cuál es la historia básica? En general, ¿parece una lectura bastante épica, o tienes la sensación de que esta lectura está contando una historia menos convincente sobre un asunto más mundano y trivial?

Mientras examinas las cartas que ha colocado, fíjate si hay alguna característica destacada. Por ejemplo, ¿ves muchos caballos, reinas u otras cartas de "personas"? Si es así, puede indicar que otras personas están teniendo o ejerciendo una gran influencia sobre el consultante.

¿Hay muchas cartas invertidas? Las cartas invertidas pueden indicar que el consultante ha estado en una especie de depresión o en un bache emocional en el que las cosas se han desequilibrado o en el que la persona está negando sus propias necesidades y verdades, o que en general hay mucho conflicto y negatividad en su vida en este momento.

¿Hay muchas cartas de Arcanos Mayores? Si es así, esto puede indicar que hay grandes cuestiones en marcha. Los Arcanos Mayores frecuentemente hablan del viaje espiritual y del camino de la vida; busca la imagen más grande y profunda cuando veas muchas cartas de Arcanos Mayores en una lectura.

Por último, fíjate en si hay palos o números muy repetidos. Por ejemplo, ¿cinco de las diez cartas que has echado son bastos? Si es así, probablemente hay muchos cambios y movimientos en el consultante. Muchas Espadas suelen indicar luchas, conflictos y negatividad; muchas Copas suelen indicar una situación cargada de emociones; y muchos Oros suelen indicar finanzas, trabajo, empleo u otros asuntos relacionados con los recursos y la sensación de seguridad. Del mismo modo, si obtienes una abundancia de ases en una lectura, sabrás que las cosas se están alineando muy bien, que se están abriendo nuevos caminos y que se está alcanzando un estado de armonía y unidad.

Del mismo modo, si una abundancia de dos aparece en la lectura, sabes que hay una dualidad, tal vez un conflicto o dualismo interno o externo, o tal vez una decisión que debe tomarse u otro asunto sobre el que el consultante sigue dando vueltas o lo deja en el aire. Utiliza tu propia intuición y tu conocimiento del simbolismo numérico, o consulta guías como la que se incluye en este libro. Fíjate en los patrones que te llaman la atención, a medida que explora las cartas, ya sea el palo, el número, el tema, el tono, los símbolos o incluso la combinación de colores, y ten en cuenta estos matices a medida que avanzas en la lectura.

Una vez que hayas comprendido la sensación general y la dirección de la lectura, entra de lleno, cuando estés listo, habla de cada carta una por una. Tómate tu tiempo y deja que tu mente fluya hacia las imágenes de cada carta. ¿Dónde ves al consultante en relación con esta carta? ¿Qué aspectos de esta carta te parecen más importantes en este momento? ¿Cuál es el mensaje o la historia principal que transmite esta carta? ¿Cómo se relaciona esta carta con las demás cartas de la tirada? ¿Qué papel desempeña en la trama general?

No lo pienses demasiado. Abre tu mente y ve lo que aparece como más importante. Deja que cada carta sea un trampolín para tu mente psíquica y no te restrinjas a una interpretación estricta de las imágenes. A veces, durante la lectura de las cartas recibirás visiones o mensajes que no tienen nada que ver con las cartas, pero que, sin embargo, son aspectos muy válidos de la lectura. Deja que tu subconsciente tome la iniciativa y confía en tu intuición y visión psíquica. Para ser un buen Tarotista se requiere confianza en la mente psíquica, la audacia de ver más allá de las cartas y arriesgarse a recibir la información divina que de otro modo no se vería.

El Tarot es, en muchos sentidos, una herramienta para contar historias, y algo que puedes hacer para convertirte en el mejor Tarotista que puedas ser es desarrollar tu capacidad para contar una buena historia, y para contar la historia correcta en el momento adecuado. ¿Sabes que dicen que una imagen vale más que mil palabras? Pues bien, cada carta del Tarot vale como un millón.

Siempre que imparto una clase de Tarot, insisto en el hecho de que podrías tener exactamente las mismas cartas dispuestas en una lectura, y si pidieras a diez lectores de Tarot profesionales diferentes que interpretaran la tirada, obtendrías diez interpretaciones diferentes. Lo más probable es que haya algunas similitudes en el tema general, pero cada lector aporta inevitablemente algo totalmente diferente a la lectura.

Cada uno de nosotros tiene su propia lente a través de la cual ve el mundo, y también cada uno tiene algo especial que compartir con ese mundo. Debes creer en tu capacidad para hacerlo.

El trabajo del lector es transmitir al consultante el mensaje esencial, lo principal que necesita saber en este momento para avanzar y alcanzar sus objetivos.

Un buen Tarotista es capaz de ayudar al consultante a reconocer los caminos alternativos de acción y oportunidad para que pueda tomar las decisiones que probablemente le lleven al éxito. Incluso, si una lectura parece muy negativa, trata de darle un giro positivo y ayudar al consultante a encontrar la salida. Nunca termines una lectura con una nota negativa. Saca más cartas si es necesario mientras piensas en acciones positivas que el consultante podría tomar para evitar más dificultades, y déjalo con un consejo sólido y constructivo y un fuerte impulso de ánimo para mejorar su situación.

Si alguna vez tienes la sensación de que una persona está en peligro físico, por ejemplo, si parece que tiene una relación abusiva o es potencialmente suicida, insístele en que busque ayuda y apoyo. Es inteligente tener a la mano algunos números de teléfono y direcciones de sitios web para poder compartir discretamente recursos que podrían ser muy necesarios y beneficiosos.

Cualquiera que sea la lectura, es una buena idea concluirla con un breve resumen del mensaje general. Trata de proporcionar a los consultantes algunos consejos prácticos y puntos de acción que puedan utilizar y algunas áreas clave de enfoque que les ayudarán a lograr un mayor éxito. Debes ser optimista. La gente puede decir que acude a los Tarotistas para conocer el futuro, pero un regalo mucho más valioso que reciben es la esperanza.

Desarrollando tu propio sistema de interpretación del Tarot

Abundan los libros sobre la interpretación de las cartas del Tarot, cada uno con sus propios matices y diferencias y, con frecuencia, se contradicen entre ellos. Para aumentar la confusión, cada uno de esos libros suele ofrecer múltiples significados posibles para cada carta del Tarot. Una sola carta puede significar una cosa en una lectura, y otra completamente diferente en otra lectura. Incluso, para el lector de cartas experimentado decidir qué significado asignar a cada carta específica en una lectura concreta no siempre es fácil. El significado de una carta está influenciado por su posición en la tirada, las cartas que la rodean, el mensaje general y la orientación de la lectura, y una variedad de otros factores sutiles que desafían la descripción o la explicación. Como ves, a pesar de la ayuda de cualquier libro que puedas consultar, la interpretación del Tarot sigue dependiendo en gran medida de tu propia intuición, tu juicio personal y tu capacidad para determinar y comunicar al consultante lo que más necesita saber en ese momento. Las interpretaciones que se ofrecen en este libro son una base firme para descifrar las cartas, pero como descubrirás, decidir qué significado específico transmite la carta en una lectura concreta depende de ti. Es posible que algunas de las interpretaciones que se dan aquí no te parezcan correctas, mientras que otras pueden inspirarte para intuir otras capas de significado. Es muy útil desarrollar tu propio sistema personal de interpretación del Tarot, un trabajo constante que se completará con el tiempo y la práctica.

Elige un cuaderno o un diario y haz una página para cada carta de la baraja. También puedes crear secciones en las que hablarás de los palos específicos, los números o las cartas de la corte. La forma de organizarlo depende de ti, y debe estar determinada por tus propias opiniones sobre lo que es más importante saber sobre el Tarot.

Primero busca en tu Tarot y examina la imagen de cada carta. ¿Qué te recuerda esta imagen? ¿Qué sensación te produce esta carta? Sin consultar ninguna guía, ¿qué crees que puede significar esta carta, basándote únicamente en la imagen, el número o el palo? Anota todo lo que se te ocurra. Si es posible, echa un vistazo a varias barajas para ver cómo diferentes artistas han resaltado varios aspectos del significado y el simbolismo del Tarot. El estudio de barajas clásicas como la *Rider Waite Smith* puede ser especialmente beneficioso para revelar los orígenes de muchos de los significados tradicionales del Tarot asociados a cada una de las cartas. A continuación, consulta varias guías de Tarot, incluidas las interpretaciones que se dan en este libro. Al contemplar cada carta y leer los diversos significados que se le han asignado, pregúntate qué interpretaciones te parecen correctas y cuáles no.

Añade a tu cuaderno de Tarot las que consideres apropiadas y deja fuera las que no te parezcan. Si no estás seguro de un significado concreto, anótalo y pon un signo de interrogación al lado. A medida que adquieras más práctica y te familiarices con el Tarot, vuelve a repasar las descripciones de las cartas y comprueba si quieres añadir algo o adaptar alguna de tus notas anteriores. Descubrirás, a medida que des más y más lecturas, que ciertas cartas tienen sus propias interpretaciones más comunes que frecuentemente aparecerán, mientras que los significados más oscuros podrían ser indicados por la carta ocasionalmente. A medida que te sientas más cómodo recibiendo mensajes de tus cartas, verás que esos mensajes aparecen en todas más alto y claro.

Confía en ti mismo y en el proceso. Hay infinitas maneras de describir cada carta del Tarot, así que aprende todo lo que puedas, pero deja que tu propia perspectiva sea tu guía definitiva.

Desarrollando tus habilidades como lector de Tarot

Para leer el Tarot con éxito, hay una gran clave: la confianza, y la mejor manera de desarrollarla es por medio de la práctica regular y modificada. Para ti mismo lee con frecuencia, planteando a las cartas una amplia variedad de preguntas relacionadas con todo, desde los objetivos profesionales hasta si el tiempo va a ser bueno o no el próximo fin de semana. Lleva un registro de tus profecías del Tarot para que puedas revisar tus notas y ver, por ti mismo, cómo tu precisión aumenta exponencialmente cuando usas el Tarot con frecuencia y para diferentes propósitos.

Otro ejercicio que puedes probar mejorará en gran medida tu capacidad para elaborar las cartas mientras das una lectura. ¿Recuerdas que antes mencioné que el Tarot es una herramienta para contar historias? Intenta contar algunas con él y te encontrarás cada vez más cómodo con las cartas y más capaz de ampliar las interpretaciones estándar del Tarot que se encuentran en los libros.

Elige una historia favorita, un cuento de hadas o un cuento popular o quizás una historia sencilla de tu propia creación. Busca en tu baraja y selecciona una serie de cartas del Tarot que mejor relacionen el contenido de esa historia. Por ejemplo, si eliges *Los tres cerditos* como historia, ¿qué carta podrías elegir para representar a cada uno de los cerdos? ¿Quizá la del Diablo para representar al Lobo feroz, mientras que la Torre se utiliza para relatar la parte de la historia en la que el lobo vuela la casa? ¿Qué carta podrías preferir para representar la seguridad de la que goza el cerdo cuya robusta casa se mantiene en pie? La idea es clara. Prueba esto con diferentes historias, y prueba encontrar nuevas formas de contar las mismas historias.

Otro ejercicio similar que puedes hacer es elegir una carta del Tarot al azar cada día, y trata de inventar una historia basada en la imagen. ¿Qué ocurre en esta imagen? ¿Hay una persona en esta carta, y si es así, qué está haciendo y qué siente? ¿Qué ha ocurrido en el pasado y qué ocurrirá después? Puedes escribir la historia, o simplemente crearla en tu cabeza. Cuanto más trabajes con las cartas de forma creativa, más profunda y familiar será tu relación con el Tarot.

CUATRO: Uso del Tarot para la Magia

De la misma manera que cada piedra o ramita de hierba tiene sus propias energías y atributos mágicos, las cartas del Tarot cantan en un coro de voces. Con sus imágenes que representan una amplia gama de emociones, conceptos, arquetipos y energías, el Tarot es un medio muy variable, fácil de usar y eficaz para la magia. Se puede utilizar el Tarot para lanzar un hechizo, literalmente, para cualquier objetivo mágico. También para atraer, desterrar, combinar, separar, transformar, magnificar, o para disminuir. Se pueden utilizar para crear y para destruir. Pueden servir para causar orden o traer el caos. Desde la magia del tiempo hasta el desarrollo personal, el Tarot puede ayudarte a hacerlo todo.

La magia del Tarot, principalmente, se basa en los principios de la magia imitativa. Manipulando las cartas de diversas maneras, se les simbolizan tus intenciones mágicas, que luego se transmiten al mundo en general y también se activan dentro de tu propia subconsciencia. El viejo axioma mágico, "Como es arriba, es abajo", es válido para la magia del Tarot, al igual que para muchas otras operaciones mágicas. Al imitar externamente con las cartas del Tarot lo que deseas que ocurra, los hilos internos de la realidad se entrenan en una mejor posición más propicia para la manifestación de tu intención.

La magia funciona tanto en el plano metafísico como en el mundano. En un sentido, un hechizo mágico es muy parecido a una oración, un simple acto de petición de ayuda a los poderes, pero eso es sólo una parte de la historia. A través del acto de lanzar un hechizo, la mente consciente es entrenada para creer lo que el subconsciente ya sabe, y tu comportamiento y actitudes se ajustarán para ayudar a hacer realidad tus intenciones mágicas. Por ejemplo, supongamos que quieres encontrar un nuevo trabajo. Has estado buscando por un tiempo y tu confianza ha comenzado a disminuir. Al lanzar un hechizo para ayudar a traer ese trabajo de ensueño, estás enviando un mensaje al universo de que esto es lo que quieres, y también te estás recordando a ti mismo que esta nueva realidad es realmente posible. Como resultado, tendrás más confianza y una nueva motivación para ir a buscar esas aplicaciones, alinear las entrevistas de trabajo, etcétera, que, a su vez, mejorará en gran medida tus posibilidades de conseguir ese nuevo trabajo. La magia es realmente mágica, pero también es muy práctica.

No hay una sola manera correcta de hacer un hechizo de Tarot; cada uno de éstos puede diseñarse de forma única para realizar, de la mejor manera posible, el trabajo en cuestión. Su versatilidad la convierte en una de las herramientas más bellas y efectivas para la magia, ya que destaca la perspectiva única de la magia y la esencia del hechicero individual como pocas herramientas mágicas lo hacen.

El Tarot proporciona innumerables opciones y posibilidades de lanzamiento de hechizos, por lo que una vez que sabes lo básico, serás capaz de hablar de sus intenciones mágicas a través del Tarot de innumerables maneras, ya sea detallada y poética y al punto. A continuación, encontrarás algunos ejemplos de formas en que las cartas del Tarot pueden ser manipuladas para ayudarte a lograr tus deseos mágicos. Imagina nuevas formas de emplear cada técnica, y adapta y elabora en consecuencia.

Talismanes del Tarot: Incluso con una sola carta del Tarot, puedes hacer una gran variedad de hechizos. Un método sencillo es utilizar cartas de Tarot individuales como talismanes, amuletos de buena suerte para ayudar a atraer lo que sea que busques. Elige la carta que mejor represente tu deseo. Si lo que buscas es riqueza y seguridad, puedes optar por el As o el Diez de Oros; si lo que quieres es amor, puedes seleccionar a los Amantes o el Dos de Copas. Toma la carta en tus manos mientras imaginas logrando todo lo que deseas. Imagina que tus deseos se cumplen y cree con toda la fuerza que puedas lo que sentirás cuando esos deseos se hagan realidad. Envía la energía de estos pensamientos y emociones a la tarjeta, visualizando las vibraciones de tus intenciones fusionándose con las fibras del papel. Ahora has establecido una especie de imán mágico que te ayudará a acercarte a lo que deseas. Lleva la tarjeta contigo y mantenla cerca de tu cuerpo para obtener resultados más rápidos, o colócala en tu altar o en otro lugar especial hasta que la magia se manifieste. También puedes manejar estas cartas para cargar herramientas rituales, piedras u otros objetos. Simplemente carga la tarjeta con la intención como se ha descrito anteriormente, y luego coloca el artículo en la parte superior de la tarjeta para absorber las vibraciones.

Invertir una carta: Utiliza esta acción para representar un cambio o trastorno drástico, una inversión de la situación que deseas transformar. Por ejemplo, si quieres hacer un hechizo para que un jefe dominante pierda su autoridad o su mala actitud, puedes elegir la carta que mejor lo represente, ponerla boca arriba mientras piensas en sus acciones actuales, y luego invertirla, girándola algunos grados para que la imagen esté al revés mientras cambias tus pensamientos a visiones de cómo te gustaría que cambiara la situación. Como otro ejemplo, si teme un gran gasto o una pérdida de ingresos, podría colocar ante ti el As de Oros, primero brevemente en su posición invertida, y luego, girándolo rápidamente a la posición vertical mientras te imaginas pasando y superando el potencial desastre financiero.

Dar la vuelta a una carta: Esta acción puede utilizarse para representar el fin de una situación o para finalizar un poder, una persona o una posibilidad en particular. Elige una carta que represente la circunstancia o energía cuya influencia esperas frenar. Por ejemplo, si esperas poner fin a una disputa legal y resolver el asunto fuera de los tribunales, podrías elegir la carta de la Justicia para representar la inminente demanda. Otro ejemplo, si se trata de un conocido traicionero cuyos planes de traición deseas reducir, podrías elegir el Diez de Espadas para simbolizar la situación. Coloca la carta boca arriba ante ti. Después de pensar brevemente en lo que esperas evitar, afirma con seguridad que el asunto se resolverá y terminará, que lo que temes no ocurrirá. Gira la carta boca abajo y dale unas palmaditas firmes mientras piensas o dices: «¡Terminado y acabado!» o, «¡Tu influencia ha terminado, tu poder es mío!» Deja la carta boca abajo hasta que estés seguro de que la amenaza que intentabas evitar ha pasado.

Tarot para la sustitución mágica: Las cartas del Tarot también se pueden utilizar para proporcionar energía adicional para los lanzamientos de hechizos, y se puede utilizar en lugar de otros artículos o ingredientes que podrías no tener a la mano. Por ejemplo, si estás lanzando un hechizo para el amor que pide que se coloquen capullos de rosa en el altar y no tienes nada, puedes usar simplemente el As de Copas u otra carta del Tarot alineada con el amor como sustituto. De la misma manera, si tu hechizo de protección sugiere que se coloque un pentáculo sobre o debajo de una foto de la persona o lugar a proteger y no tienes un pentáculo, podrías utilizar el As de Oros de la misma manera. Simplemente elige una carta que represente energías similares a la del ingrediente que falta.

Cubrir una carta con otra: Al colocar una carta directamente encima de otra, estás simbolizando el acto de trasplantar una energía o circunstancia con otra. Por ejemplo, si quieres reemplazar las inseguridades por sentimientos de coraje, puedes elegir el Cinco de Espadas para representar el miedo y las dudas, y luego cubrirlo con la carta de la Fuerza mientras piensas en el nuevo coraje, la valentía, la confianza y la audacia que deseas cultivar, imaginando que esta nueva energía sustituye a los viejos y anticuados sentimientos de inseguridad. Puedes colocar las dos cartas en tu altar, una encima de la otra, y utilizarlas como punto focal para tus hechizos. Como alternativa, puedes unir las cartas con un clip y llevarlas contigo como un amuleto de Tarot de dos cartas; solamente asegúrate de que la carta que representa lo que quieres es la que está en la parte superior de la pila.

Colocar dos cartas cara a cara: Si quieres combinar energías o unir algo, puedes utilizar la técnica del cara a cara. Escoge una carta del Tarot que represente cada lado de la ecuación, y coloca esas cartas cara a cara, de manera que las dos imágenes se toquen. Por ejemplo, si quieres traer más creatividad a tu entorno de trabajo, podrías elegir la Sota de Copas o el As de Copas para representar las energías creativas, mientras que el Árbol de Oros podría utilizarse para representar tu lugar de trabajo. Deja las cartas juntas, cara a cara, mientras imaginas que una mayor creatividad se infiltra en su lugar de trabajo.

Por ejemplo, si quieres traer más prosperidad a tu familia, puedes elegir el

As de Oros para representar la riqueza y el Diez de Oros para representar a tu familia. En seguida, las cartas se deben colocar cara a cara en un acto simbólico que ilustra a los poderes que son exactamente lo que se quiere que ocurra, en este caso, que la riqueza y la prosperidad se integren en tu familia. Las posibilidades son infinitas, así que usa tu imaginación y experimenta para encontrar la combinación de cartas que mejor funcione para tu objetivo de hechizo.

Utilizar varias cartas para mostrar una progresión paso a paso: Las cartas del Tarot también se pueden utilizar para realizar hechizos en los que tu intención es manifestar una clara progresión de eventos. Selecciona cartas del Tarot que representen cada paso de tu plan, y colócalas en tu altar una por una mientras enfocas tus pensamientos y emociones en el resultado que deseas manifestar. Por ejemplo, si quieres hacer un hechizo que te ayude a ahorrar suficiente dinero para continuar tu educación y así poder conseguir un mejor trabajo, podrías colocar primero en tu altar el As de Oros para representar el dinero y los recursos que necesitarás para pagar tu educación. A continuación, por encima o a la derecha de la primera carta, podrías colocar la Sota de Oros, asociado con el estudio, la concentración y la educación. Por último, por encima o a la derecha de la segunda carta, puedes colocar el Tres de Oros, asociado con el empleo, u otra carta que se relacione más específicamente con el trabajo que deseas. La Fuerza o la Templanza podrían emplearse para representar la enfermería o el asesoramiento, mientras que la carta de la Justicia podría usarse para simbolizar una carrera en el campo legal.

A medida que coloques cada carta, imagínate a ti mismo progresando a través de cada paso del plan para alcanzar finalmente tu objetivo final. Una vez colocadas todas las cartas, formula una visión muy clara y detallada de cómo será el éxito, golpea las cartas con la punta de los dedos o con la varita mágica y expresa tus intenciones. Puedes decir simplemente: «¡Hazlo!» Después de realizar el hechizo, guarda las cartas, o déjalas en tu altar hasta que tu plan esté completo. (De nuevo, otra razón para justificar la adquisición de esa segunda, tercera o vigésima baraja de Tarot).

Acercar o alejar cartas: Otra forma de manipular las cartas del Tarot para el trabajo de hechizos es moverlas, deslizando las cartas, ya sea para separarlas o acercarlas entre ellas. Acercar una carta simboliza el deseo de atraer lo que está representado en la carta, mientras que alejar una carta simboliza que lo estás disminuyendo, desterrando y, en general, deshaciéndote de lo que representa la carta. Por ejemplo, digamos que quieres más dinero, más amor, más valor y más amigos en tu vida, empezarías eligiendo una carta que te represente a ti mismo, quizás la Sacerdotisa, el Mago o una de las cartas de la corte. Coloca la carta en el centro de tu altar u otra superficie de trabajo, y piensa en quién eres y porqué quieres estas cosas. A continuación, elije las cartas que representen todas las cosas que más deseas en tu vida. Podrías elegir el As de Oros para representar el dinero, el As de Copas para representar el amor, la Fuerza para representar el valor y el Tres de Copas o el Seis de Copas para representar a los amigos. Colocarías estas cartas en un anillo alrededor de la carta que te representa, luego, moverías esas cartas hacia el centro hasta que se estén tocando. Mientras deslizas las cartas, visualiza que reúnen para ti todo lo que necesitas y deseas.

Para un ejemplo contrastado, supongamos que tienes una gran tristeza persistente por un asunto del pasado y que te gustaría liberarte de eso. Podrías elegir una carta que te represente a ti mismo y elegir una carta que encarne la tristeza, quizás el Cinco de Copas o el Nueve de Espadas. Inicia con la carta de la tristeza cubriendo inmediatamente el lado de la carta que te representa a ti mismo, entonces deslizarías la tarjeta de la tristeza lejos de tu tarjeta, moviéndola hasta el borde de tu espacio de trabajo, a continuación, dale la vuelta para ayudar a sellar el encanto mientras te imaginas estas energías negativas alejándose de ti.

Ejemplo de hechizo de Tarot para la buena suerte y el éxito

Empieza por crear un ambiente que te ponga de humor para la magia, una atmósfera que incite a tu mente a dejar atrás tus preocupaciones y penas mientras entras en el reino de lo espiritual y lo místico. Puedes encender algunas velas o incienso, o simplemente salir bajo la luz de la luna o bajo un toldo de árboles. Puedes elegir una almohada para sentarte o un paño para colocar las cartas. Si quieres, decora la zona con cristales u otras piedras de poder. Asegúrate de que el espacio sea tranquilo y cómodo para que puedas concentrarte en la magia que tienes entre manos. Sujeta las cartas con firmeza mientras respiras lenta y profundamente varias veces para ayudar a conectar tu energía y centrar tus pensamientos.

Ahora, observa tu baraja de Tarot y selecciona la carta que crees que te representa mejor. Puedes elegir una de las cartas de la corte, o el Mago o la Sacerdotisa, o cualquier otra carta con la que puedas identificarte personalmente. Coloca esta carta ante ti, en el centro de tu espacio de trabajo y, mientras lo haces, piensa que la carta es una representación de ti.

A continuación, vuelve a mirar tu baraja y elije entre una y tres cartas que representen mejor tu objetivo actual. Intenta que sea claro y sencillo, utilizando el menor número de cartas posible para transmitir toda tu intención. Si lo que buscas es un trabajo, puedes probar con el Tres de Oros. Si lo que buscas es el amor, puedes elegir el As de Copas. Si lo que quieres es atraer a más amigos o más diversión, puedes elegir el Tres de Copas. Escoge las cartas que te hablen, asegurándote de que el simbolismo tiene sentido para ti y que se siente alineado con tu objetivo mágico. Mientras examinas tu baraja, saca las cartas del Sol, la Estrella y el Mundo; las necesitarás más adelante en el hechizo.

Coloca la carta o las cartas que hayas elegido para simbolizar tu objetivo a unos cinco centímetros por encima de la carta que te representa a ti mismo. Piensa claramente en tu objetivo; desarrolla una imagen vívida en tu mente de cómo será el éxito que buscas. Imagínate teniendo ese éxito; visualízate consiguiendo lo que deseas. Deja que las emociones que vienen con esta visión fluyan libremente. Deja que toda esa energía cargada de emociones se aglomere en tu mente y en tu corazón mientras miras las cartas que tienes delante.

Ahora, justo encima de las cartas de la meta, coloca en un conjunto la Estrella, el Sol y el Mundo. Estas cartas simbolizan los sueños que se hacen realidad, la buena fortuna y el éxito, y actúan como amuletos de la buena suerte para ayudar a dar más poder a tu hechizo. Coloca tus manos sobre las cartas que representan tu objetivo y sobre las cartas de la buena suerte descritas anteriormente, y desliza estas cartas acercándolas progresivamente a la carta que te representa. Mientras mueves las cartas, puedes optar por emplear el verso:

Esto es lo que deseo,
¡y esto es lo que será!
Tráeme suerte, tráeme fuerza
y tráeme el éxito.

Visualízate a ti mismo consiguiendo exactamente lo que quieres mientras apilas las cartas de la meta y las de la buena suerte sobre la carta que te representa a ti mismo, colocándolas una a una mientras afirmas tu intención de alcanzar el éxito. Libera la energía que se acumula en tu corazón y en las cartas hacia el universo, e imagina que el poder mágico de tu hechizo irradia hacia los éteres, tal vez para transmitir tus deseos a los poderes. Deja las cartas en un lugar especial de tu casa, devuélvelas a tu baraja o guárdalas juntas y llévalas contigo para obtener un impulso extra de buena fortuna y suerte en la consecución de tus objetivos.

Ejemplo de hechizo de Tarot para la protección, la curación o la eliminación de la negatividad

Para este hechizo, deberás dejar las cartas fuera de su caja durante el tiempo que requiera la necesidad mágica, por lo que debes buscar un espacio en el interior, donde sea poco probable que las cartas sean perturbadas por otros. Si tus opciones y privacidad son limitadas, siempre puedes vaciar un cajón de la cómoda y hacer el hechizo en él. Empieza por buscar en la baraja las cartas que utilizarás para el hechizo. Necesitarás una carta que represente a la persona, lugar o cosa que va a ser el beneficiario de la magia, una carta que simbolice al protegido, curado, etcétera. También necesitarás una selección de cartas que representen el poder de curación, protección o destierro que estás buscando. Para la curación, prueba con la Templanza, la Estrella, el Sol, el As de Oros o el As de Copas. Para la fuerza y el poder para desterrar lo negativo o para protegerse del peligro, prueba con el Emperador, el As de Oros, el Caballero de Espadas o el Sol. También necesitarás una o varias cartas que representen la influencia nefasta, la enfermedad o cualquier otro peligro que deba ser desterrado y derrotado por tu hechizo. Coloca las cartas en pilas clasificadas para tenerlas a la mano cuando las necesites.

Si tienes una fotografía o cualquier otro objeto significativo que represente a la persona, el lugar o la cosa que debe ser sanada o protegida, ahora colócalo delante de ti. Encima o lo más cerca posible, ubica la carta que elegiste para representar a este beneficiario mágico. Piensa en esta persona, lugar o cosa mientras tocas la carta. Alrededor de esta carta, a unos centímetros de distancia, y en cualquier lado que elijas colocarlas, ubica la carta o cartas que hayas elegido para representar la energía negativa, el peligro o la enfermedad que hay que prohibir o conquistar. Ahora, entre estas cartas y la carta que representa al beneficiario mágico, coloca las cartas de curación y protección, ya sea la Templanza para la curación, el As de Oros para la protección u otra selección.

Desliza las cartas que representan el peligro o la negatividad alejarse, al visualizar las fuerzas protectoras y curativas que superan la oscuridad y la alejan. Da la vuelta a las cartas negativas para que queden boca abajo, sácalas de tu área de trabajo y guárdalas fuera de la vista por ahora.

Vuelve a centrar tu atención en las cartas que tienes delante y visualiza que la persona, el lugar o la cosa a la que quieres ayudar está rodeada de un orbe brillante de luz curativa o protectora. Imagina que la persona está inmersa en la energía que necesita en este momento, imagínatelos sanos, seguros y victoriosos. Deja estas cartas en posición hasta que el peligro haya pasado.

Ahora, volvamos a esas tarjetas negativas que previamente has guardado. Colócalas en una bolsa de papel o de plástico y llévalas al exterior. Espolvorea una generosa pizca de sal en la bolsa y agítala enérgicamente mientras imaginas que las energías negativas que puedan estar presentes en las cartas son neutralizadas y purificadas. Saca las cartas de la bolsa, sopla sobre ellas y dales una última sacudida, luego devuélvelas a tu baraja como nuevas.

La tirada de círculos con el Tarot

Muchas brujas y magos utilizan lo que se conoce como círculo mágico. Básicamente es una esfera de energía positiva y protectora que se coloca alrededor del área del ritual antes de un trabajo mágico. Su propósito es mantener las energías deseadas dentro, mientras mantiene las energías no deseadas fuera. Esto provoca que el proceso de lanzamiento de hechizos sea más fácil al concentrar el poder mágico más eficazmente y al minimizar las distracciones. Hay muchas maneras de lanzar un círculo, y mientras que una varita se utiliza generalmente para este propósito, es posible que desees probar el uso de tu baraja de Tarot para tener variedad.

Elige una carta positiva, como el As de Copas, símbolo del amor y la felicidad.

Mantén esta carta frente a ti mientras caminas en el sentido de las agujas del reloj alrededor del espacio ritual. Imagina que una luz pura, brillante y positiva fluye desde la carta para infundir el área con amor, alegría y poder. Imagina que cualquier energía negativa u otras vibraciones no deseadas son expulsadas del espacio por la luz que emana de la carta. Enseguida, puedes invocar el poder de los elementos para que te ayuden con tu hechizo. Coloca el As de Oros al Norte para representar la Tierra, el As de Bastos al Este para representar el Aire, el As de Espadas al Sur para representar el Fuego y el As de Copas al Oeste para representar el Agua. Si quieres, también invita al dios y a la diosa a tu círculo. La Sacerdotisa, la Emperatriz o la Luna pueden utilizarse para representar a la diosa, mientras que el Mago, el Emperador o el Sol pueden emplearse para representar al dios. Coloca estas cartas en el centro del espacio ritual, con la carta que simboliza al dios colocada en el lado derecho y la carta que simboliza a la diosa colocada en el lado izquierdo.

El reparto de círculos al estilo del Tarot ya está completo.

CINCO: Los Arcanos Mayores

Aquí se muestra una exploración de las cartas de los arcanos mayores. Mientras que los arcanos menores tienden a revelar asuntos de importancia en el plano mundano y cotidiano, los temas de los arcanos mayores generalmente son de orden superior, y tratan del crecimiento y la evolución del alma, de las metas y ambiciones de toda la vida, y de patrones y ciclos profundamente arraigados o de larga duración que tienen un gran impacto en la persona y en su camino espiritual. Cada carta, tiene diversos significados potenciales. Es poco probable que todos los significados potenciales de una carta se apliquen en una sola lectura. Al mismo tiempo, el simbolismo del Tarot, a menudo, nos habla en múltiples niveles. Puede haber varios significados potenciales de una carta en juego en cualquier lectura. Primero fíjate en lo que te llama la atención de cada carta cuando aparece en la lectura y deja que tu intuición y sentido psíquico explore las posibilidades antes de consultar cualquier referencia o hacer cualquier interpretación basada en nociones preconcebidas del simbolismo del Tarot. A menudo, las mejores partes de una lectura serán percepciones que no se encuentran en ninguna parte de la superficie de las propias cartas, pero que, sin embargo, aparecen.

Después de determinar todo lo que puedas a través de tu habilidad psíquica y tus primeras impresiones generales, piensa en los diferentes significados potenciales de cada carta, escudriñándolos en tu mente o consultando una guía como ésta, y ve si algo te parece verídico.

Procura no sentirte limitado con las siguientes interpretaciones de las cartas. Estos significados representan una mezcla ecléctica de tradición oculta, tradición familiar, mi propia experiencia e intuición. Anímate a ampliar los significados que te parezcan agradables y a cuestionar y descartar con los que no estás de acuerdo.

Es útil estar familiarizado con el mayor número posible de significados potenciales de cada carta del Tarot, pero, de todas formas, algunas interpretaciones con las que te encuentres estarán claramente equivocadas. El hecho de que algo esté en un libro no significa que sea cierto, o que sea la única verdad.

Conserva tu mente abierta, dispuesta a aprender de los conocimientos y la experiencia de los demás, siempre dejando que tu juicio e intuición sean tus guías definitivos. Este es un enfoque sólido para examinar cualquier sistema de interpretación del Tarot. Descarta lo que no te gusta, toma lo que sí te seduce y haz lo posible por mejorarlo y ampliarlo.

Lo que sigue son mis propias interpretaciones que he desarrollado a lo largo de casi tres décadas de estudio y práctica. Depende de ti construir tu propio sistema de interpretación del Tarot, espero que aquí encuentres alguna información útil para añadir a tu creciente conocimiento.

0 • El Loco

0. El Loco

Descripción: Incluyendo la idea de un espíritu no comprometido con la conciencia de sí mismo o con las necesidades y demandas de la carne, el Loco realmente es el espíritu libre convertido en arquetipo. A nivel espiritual, el Loco puede representar el abandono del ego, el vivir el momento, o una inmersión total en un estilo de vida más espiritual y menos materialista.

También puede significar un alma que todavía no está encarnada o que ya no lo está, o que representa una energía pura que todavía no ha sido dirigida hacia ningún canal en particular o que no ha sido utilizada de manera concreta. El Loco es indiferente hacia el mundo material, y es propenso a ser un poco imprudente.

En el plano mundano, esta carta puede señalar la proximidad de un peligro, accidentes inesperados o un tropiezo provocado por la inexperiencia o un comportamiento insensato y arriesgado. Sin embargo, a veces es muy necesario y beneficioso arriesgarse a lo grande, de forma atrevida e insensata, y si las cartas que la rodean indican un resultado positivo, el Loco podría estar tratando de instarte a que vayas por ello y te lances. No siempre sabemos a dónde nos llevarán los pasos que damos, pero debemos seguir caminando, igualmente.

Significados adivinatorios: Espíritu libre; dejar de lado el ego; vivir el momento; la felicidad de la ignorancia; arriesgarse; necesidad de mirar por dónde se va; comportamiento insensato; la adicción o la intoxicación excesiva está provocando problemas; trastornos mentales o emocionales; hacer el ridículo; auténtica insensatez e ingenuidad; renunciar al mundo material en favor de un estilo de vida más espiritual.

Invertida: Una conciencia o realización repentina; vacilación; ser demasiado sensible; caer; una advertencia de que se aproxima el peligro; una advertencia de que su curso de acción actual es imprudente; la elevación espiritual no se logrará hasta que se levanten las restricciones autoimpuestas sobre el alma; ansiedad, colapso mental o emocional; las adicciones destruyen lo mejor de ti; hay que dejar de lado las tendencias controladoras.

Usos mágicos: Para olvidar la preocupación o la duda, para despejar la cabeza antes o después de los rituales, para dejar ir las ataduras, para aumentar la audacia de uno o para traer alegría y ligereza.

1 • El Mago

1. El Mago

Descripción: El Mago representa la energía espiritual expuesta en forma física. Encierra la noción de habilidad utilizada en todo su potencial, la idea de utilizar los recursos propios y habilidades de forma inteligente y eficaz. Es un presagio del éxito que se avecina, pero solamente si se pasa a la acción, aprovechando las oportunidades y sacando el máximo partido a lo que hay.

Tomado literalmente en su valor nominal, el Mago puede encarnar a una persona implicada en la magia o el ocultismo. También puede representar la forma exterior o los rituales externos de las artes mágicas, y significar una necesidad de reconectar con el propósito superior de uno por medio de la práctica mágica, la exploración espiritual y el ritual. El Mago representa el lado activo de la personalidad humana y, en el nivel más alto, simboliza la idea de llevar a cabo el propósito y la voluntad más auténticos de la persona aquí mismo, en el reino terrenal.

Significados adivinatorios: Acción; confianza; capacidad; ambición; aprovechamiento de los recursos y habilidades propios; las artes mágicas; una persona que practica la magia; un individuo ambicioso y seguro de sí mismo; extraer la fuerza del reino del espíritu o de otras fuerzas invisibles; la oportunidad está en marcha si uno actúa para aprovecharla; aplicar la práctica espiritual o mágica de uno en la vida cotidiana; la voluntad del ser superior.

Invertida: Necesidad de actuar; no aprovechar una oportunidad; un plan ineficaz; un uso ineficaz de los talentos; necesidad de avanzar en el desarrollo mágico o de reconectarse espiritualmente; falta de energía o desviación de esta; estancamiento sin una buena razón; tener el poder de actuar y cambiar las cosas, pero no hacerlo; un fanfarrón o un embaucador que habla a lo grande, pero carece de sustancia para respaldarlo.

Usos mágicos: Excelente para los encantos y hechizos destinados a mejorar las habilidades mágicas, la magia para manifestar el éxito y la oportunidad, los hechizos para aumentar la ambición y mejorar el liderazgo, o en los hechizos para ayudar a encontrar herramientas mágicas. Se puede utilizar en la magia romántica para representar a una pareja ideal, o para simbolizar a un amante particularmente poderoso, confiado, ambicioso o mágico.

2 • La Sacerdotisa

2. La Sacerdotisa

Descripción: La Sacerdotisa personifica el lado espiritual de la humanidad. Ella es el umbral del camino de la iniciación, representa la habilidad psíquica, la visión psíquica, la sabiduría espiritual y el misticismo. Ella es el lado espiritual de las artes mágicas, el proceso interno de la magia. Mientras que el Mago lo *hace* activamente, la Sacerdotisa *sabe* en silencio, y en este conocimiento reside su tremendo poder y potencial. Como diosa lunar y puerta de entrada al reino espiritual, la Sacerdotisa nos proporciona un vínculo con nuestro origen y nuestra esencia. Representa la idea del conocimiento que se despliega lentamente o de los misterios que se desvelan, y encierra el dicho de que a los que piden se les mostrará el camino.

Significados adivinatorios: Conocimiento espiritual y capacidad psíquica; el umbral del camino; el aspecto espiritual de la humanidad; un individuo intuitivo y espiritualmente iluminado; la idea de un amante ideal; la idolatría; un amante sumiso o femenino; la búsqueda espiritual; la iniciación; la capacidad psíquica o una visión psíquica; la sabiduría espiritual; la calma; la exploración del misticismo, la magia u otras artes ocultas; el feminismo; el secreto; el misterio; una historia que se desarrolla lentamente; no todo se revela.

Invertida: Un individuo que no gusta o es envidiado; revelar demasiado; comprensión superficial; ocultación; falta de espiritualidad; mal uso de la magia; mala interpretación de las visiones psíquicas o ignorar la propia intuición; negar la propia naturaleza espiritual; se revela un defecto en algo que antes se idolatraba; ideas equivocadas; sospecha.

Usos mágicos: Útil en hechizos para acrecentar el poder mágico y aumentar la energía psíquica; para la magia de los sueños, para los encantos para revelar lo escondido o descubrir un objeto perdido, y para los hechizos para traer inspiración. También se puede utilizar para representar a un amante mágico muy sabio y místico en hechizos románticos, o para simbolizar en general al amante ideal.

3 • La Emperatriz

3. La Emperatríz

Descripción: Simboliza el proceso de creación, la Emperatriz es un símbolo de la propia Madre Naturaleza. Las semillas que se sembraron en el plano astral ahora florecen en el jardín terrenal de la Emperatriz. Ella es el hechizo que ha funcionado, los resultados que ha dado la magia. Es la madre embarazada que pronto dará a luz, la madre amorosa que nutre y

consuela. Simboliza no solamente la fertilidad del cuerpo, sino también la de la mente y el espíritu. Es un tiempo de crecimiento y creatividad, un tiempo para que se manifiesten en el mundo físico las decisiones que hasta ahora han sido únicamente sueños.
La Emperatriz es segura de sí misma, se siente cómoda con su cuerpo y confía en disfrutar de su sexualidad. Uno debe aprender a reconocer y aceptar su propia belleza y su impresionante potencial, y la Emperatriz te anima a hacerlo.

Significados adivinatorios: Feminidad; sexualidad primaria y apasionada; aspecto fértil y creativo del mundo natural; pasión y romance; comportamiento sexualmente abierto; persona particularmente atractiva o deseable; amante experimentada; coqueta; consuelo, cuidado y crianza; madre; maternidad; embarazo; fertilidad del espíritu; creatividad; buena salud; crecimiento; abundancia; utilización de la sexualidad para obtener poder; las ideas e intenciones nacidas en el plano astral se manifiestan en la realidad física.

Invertida: Infertilidad; aborto; comportamiento sexual indiscriminado; una persona que supone una amenaza para la relación; celos; pérdida de belleza o juventud; menopausia; el crecimiento de un proyecto se ve frenado; una pelea con la madre; ansiedades sobre la maternidad; necesidad de mejorar las habilidades de crianza; necesidad de ser más comprensivo, solidario y afectuoso; una pausa en la creatividad; un bloqueo creativo; sentirse sin apoyo o descuidado; la pasión y la resistencia se agotan.

Usos mágicos: Es buena para los amuletos de fertilidad, la magia romántica, para potenciar la feminidad, inspirar la atracción, mejorar la capacidad maternal, magnificar la pasión, aumentar la creatividad, mejorar las relaciones entre la madre y los hijos, y para los hechizos destinados a traer el aumento, el crecimiento o la abundancia. También puede utilizarse en rituales para representar a la naturaleza o a la diosa madre. Invertida puede utilizarse para simbolizar el aborto o la infertilidad.

4 • El Emperador

4. El Emperador

Descripción: Símbolo de la fuerza tenaz y de la potencia bruta, el Emperador encierra la noción de la naturaleza que muestra los dientes. Es el salvaje indomable, el ritmo natural de las pasiones desenfrenadas y la naturaleza sin obstáculos. Mientras que la Emperatriz es la madre que nutre, el Emperador es el padre protector, que ejerce su voluntad y no tiene

piedad con aquellos que pretenden interrumpir el flujo de la Naturaleza o amenazar su generosidad. Representando la pasión, el coraje, el instinto y la lujuria primitiva, el Emperador nos recuerda que todos somos animales en el fondo, con necesidades e impulsos que provienen desde adentro.
En el plano mundano, el Emperador puede simbolizar la autoridad, la dominación, el control y la fuerza de voluntad ejercida por uno, o sobre mismo. El Emperador sabe lo que quiere y cómo conseguirlo, y no tiene miedo de adueñarse de todo su poder y potencial.

Significados adivinatorios: Aspecto físico de la humanidad; naturaleza primigenia; salud y vigor; dominio o agresión; sexualidad desinhibida y sin trabas; masculinidad; sexo físicamente apasionado; poder y autoridad; un jefe u otro individuo poderoso; un amante dominante o hábil; lujuria; deseo intenso; un individuo excitante o poderoso; una acción que requiere gran fuerza y voluntad; hacerse cargo de una situación; fuerza y liderazgo; el aspecto activo y a veces destructivo de la Naturaleza; coraje; sentir la llamada de lo salvaje; actuar por instinto.

Invertida: Violencia sexual; impotencia; un individuo que oprime, abusa o controla negativamente de otra manera; un abuso de poder; acoso sexual; debilidad; ignorancia y locura al acercarse a un interés romántico; falta de coraje; liderazgo deficiente; pérdida de poder o posición; incapacidad de reconocerse a uno mismo como poderoso y capaz.

Usos mágicos: Útil en hechizos para invocar la fuerza, el coraje y la voluntad, en la magia para aumentar la autoridad propia, en la magia curativa, en la magia para aumentar la vitalidad, en los encantos para aumentar la lujuria y la pasión, y en los encantos para aumentar la energía sexual. Invertida puede utilizarse en magia para superar una fuerza negativa de dominación, control o autoridad, para cambiar la estructura de poder o para causar debilidad o impotencia.

B
B
5 • El Hierofante

5. El Hierofante

Descripción: Representa a la sociedad, la religión, el gobierno y otras instituciones que se encargan de imponer expectativas y poner limitaciones a los que les rodean. El Hierofante es el emblema arquetípico de la estructura de poder y del afán de control y homogeneización. Mientras que el Emperador hace alarde de la naturaleza salvaje que ruge dentro de todos nosotros, el Hierofante es el símbolo por excelencia de la civilización y los límites sociales. Con frecuencia es necesario hacer las cosas dentro de los parámetros de la tradición y las convenciones y cumplir con las obligaciones cotidianas sin aspavientos ni resentimientos, también es necesario bailar al ritmo de nuestro propio tambor, probar cosas nuevas y perseguir las pasiones, los deseos y las ambiciones sin importar lo que la religión, la sociedad o cualquier otra persona tenga que decir al respecto.

Significados adivinatorios: El yugo del mundo; la convención; la ortodoxia; la tradición; la religión organizada; las presiones y expectativas de la sociedad; el miedo a lo subversivo; el matrimonio; un juramento u otro contrato u obligación vinculante; una figura religiosa que carece de verdadera espiritualidad; una autoridad; hacer algo sólo para aparentar; hacer lo que se espera; la estructura y la jerarquía; los obstáculos y la burocracia; una ordenación; estar en la rutina.

Invertida: Una ruptura de las convenciones; hacer algo inesperado o fuera de lo normal; una acción subversiva; una subcultura; una revolución; una idea o práctica es vista negativamente por la sociedad mayoritaria; se rompe un juramento; un divorcio; superar la rutina y el miedo; se debe emplear un nuevo enfoque para lograr un objetivo; una figura de autoridad corrupta.

Usos mágicos: Es bueno para los hechizos destinados a poner orden, equilibrio, estabilidad o normalidad. Puede usarse para representar un matrimonio, y también puede emplearse en rituales para representar un juramento o para simbolizar la estructura de la sociedad. Invertida puede utilizarse para romper pactos, derrocar la estructura de poder actual, transformar la sociedad o dar valor a la asunción de riesgos y a la espontaneidad.

6 • Los Amantes

6. Los Amantes

Descripción: Expresión por excelencia del amor y el afecto humanos, los Amantes representan la necesidad y el deseo de compartir los tesoros del corazón con otro. Mientras que el Hierofante representa el yugo de la sociedad y los lazos que nos atan con la ambición mundana, los Amantes simbolizan los vínculos construidos a partir del amor, el deseo y la compasión que se sienten entre los individuos. Perseguir la realización de este deseo natural de amor no es más que una elección que se puede hacer, y si se elige este camino, hay que ser consciente de que a menudo es una ruta que nunca se puede desandar. El corazón puede romperse a cada paso del viaje, pero también puede encontrar curación y plenitud en un instante. Los Amantes nos recuerdan que el amor es una elección que tenemos en cada momento de cada día. No es tanto un destino como una creación activa, y un camino del que a menudo no hay vuelta atrás.

Significados adivinatorios: Un romance; el amor verdadero; un deseo de amor; una relación; la elección entre la vida espiritual y la vida doméstica; una atracción mutua; una expresión de afecto; una conexión apasionada y arraigada; una asociación favorable;

química y compatibilidad; un enamoramiento consumido e innegable.

Invertida: Un amor no correspondido; se hace una elección equivocada en un asunto romántico; una ruptura; amantes enfrentados; rechazo del estilo de vida doméstico tradicional; renuncia a encontrar el amor; incompatibilidad; una relación no es tan significativa o satisfactoria como se esperaba; un corazón roto.

Usos mágicos: Excelente para la magia amorosa y romántica, o en hechizos y encantos para potenciar las pasiones o aumentar el encanto y el atractivo de uno mismo. También es una buena carta para la magia destinada a poner fin a las discusiones y fomentar la compasión. Invertida puede utilizarse para representar las peleas, la desarmonía y la distancia.

7 • El Carro

7. El Carro

Descripción: Símbolo del movimiento imparable y de la iluminación, el Carro es el emblema arquetípico de la energía en marcha. Es la rapidez y la presteza, el guerrero en misión. Como el Sol que brilla en el cielo cada día, también el Carro sigue adelante como si estuviera alimentado por una luz de inspiración interna que nunca se apaga. El Carro señala un momento de movimiento y de acción, una oportunidad y una necesidad de ir por los objetivos con gusto. Mientras que los Amantes representan un corazón ligado al afecto humano, el Carro es el corazón que busca la gloria personal o una mayor sabiduría y satisfacción espiritual. En el sentido más literal, el Carro es un vehículo, el medio por el que una persona puede llegar a su destino. El vehículo puede ser un coche real, o puede entenderse metafóricamente como un símbolo del medio que se ha elegido para alcanzar el éxito.

Significados adivinatorios: Elección de no estar atado; viaje; acción; triunfo; preparación para un cambio importante; rapidez; movimiento; oportunidad; un visitante; una persona que es exaltada o respetada; disposición; anticipación; valor y valentía; ser impulsado por la luz que lo guía a uno o el sentido de propósito; velocidad máxima; un vehículo; moverse de un lugar de residencia a otro; éxito; persecución activa.

Invertida: Retraso; mal momento para viajes o nuevas empresas; necesidad de preparación; un deseo insatisfecho de cambio y acción; estancamiento; un fracaso; una vergüenza para alguien que generalmente es respetada; problemas con el coche.

Usos mágicos: Útil en los amuletos para viajar con seguridad, en los hechizos para dar valor al movimiento y en los rituales para ayudar al Mago a planificar y preparar una acción o decisión importante. Puede utilizarse para representar un vehículo o un traslado a una nueva residencia. Invertida, puede utilizarse para frenar o detener acciones indeseables.

8 • La Fuerza

8. Fuerza

Descripción: Simbolizando la doma de la bestia que llevamos dentro, la Fuerza nos recuerda que ni las reglas y la religión del Hierofante ni las cuerdas del corazón tiradas por los Amantes pueden igualar el poder de dominio de sí mismo. Mientras que el Carro conquista con velocidad y poder, volando velozmente lejos del peligro, la Fuerza se queda en la lucha, venciendo a sus enemigos a través de la paciencia y la compasión. Aunque este león del mundo tenga garras, debemos amar a esa bestia y montarla igualmente.

Dentro de cada uno de nosotros hay una fuerza tremenda, un instinto animal unido a una conciencia superior. Cuando estas fuerzas se unen, nos volvemos imparables. La carta de la Fuerza nos insta a alimentar nuestras pasiones y a enfrentarnos a nuestros miedos, y a utilizar esa energía para impulsarnos hacia la consecución de nuestros mayores sueños y deseos.

Significados adivinatorios: Paz y comunicación con el mundo natural; fuerza; coraje; domar una bestia real o metafórica; intentar controlar algo que no se puede controlar; un animal; un espíritu amistoso ofrece ayuda o protección; nutrir, curar, ayuda y caridad; resistir el instinto; superar el miedo; gracia; buena salud; un espíritu fuerte; el optimismo trae el éxito.

Invertida: Debilidad; miedo; mala relación con la naturaleza; enfermedad; necesidad de mayor fuerza; falta de voluntad; ego desmedido; un amigo animal está herido o perdido; estar abrumado y conquistado; abandonar la lucha.

Usos mágicos: Bueno para la magia para aumentar el valor, los hechizos para ayudar a superar la adicción u otras bestias, y para los hechizos para aumentar la confianza y la audacia. También se puede utilizar para la magia protectora y defensiva.

9 • El ermitaño

9. El Ermitaño

Descripción: Así como los Amantes pueden representar la elección de un estilo de vida doméstico compartido con otro, el Ermitaño representa una vida de búsqueda espiritual solitaria. Simboliza el aislamiento, la soledad, la contemplación, vagabundeo e introspección, el Ermitaño personifica el concepto de búsqueda del alma. Indagando siempre lo invisible y agarrando siempre lo intangible, el Ermitaño averigua, pero nunca encuentra. Él es su propio dios, y sólo mirando dentro de sí mismo descubrirá lo que busca. Mientras que la Fuerza brilla hacia afuera, el Ermitaño lo hace hacia adentro, guardando los tesoros de su corazón y su mente para sí mismo. Una vida así puede ser solitaria, y el Ermitaño nos recuerda que, aunque tengamos que recorrer el camino solos en última instancia, un poco de compañía a lo largo del mismo puede hacer que el viaje sea menos árido.

Significados adivinatorios: Paz; espiritualidad; búsqueda; introspección; una vida de libertad y soledad; seguir un camino; encontrar lo que se perdió; soledad; necesidad de estar más conectado; independencia; un viaje espiritual; una misión en solitario; esconderse.

Invertida: No encontrar lo que se busca; desolación; depresión; abandono de la búsqueda; soledad intensa; sentirse incómodo; buscar en el lugar equivocado; el Ermitaño debe salir a pasar una noche en la ciudad.

Usos mágicos: Útil para atraer la paz, la aceptación y la soledad, bueno para los encantos para encontrar lo que se ha perdido y para los hechizos para aumentar la iluminación. Invertida puede utilizarse para superar la timidez o la soledad.

SET
APEP
10 • La Rueda de la Fortuna

10. La Rueda de la Fortuna

Descripción: Representa la rueda del destino que siempre gira y el ciclo incesante de creación y destrucción, de ascenso y descenso, la Rueda de la Fortuna es la llave inglesa del Tarot. Siempre que la vida va bien, sabes que pronto llegará una nube gris, y del mismo modo, cuando las cosas no van como quieres, sabes que el único lugar al que puedes ir desde abajo es de nuevo a la cima. Cualesquiera que sean los planes, los esquemas y los sueños que los seres humanos nos proponemos, todos estamos a merced de los caprichos del destino y la fortuna. A la gente buena le ocurren cosas malas y a la gente mala le ocurren cosas buenas, y la Rueda de la Fortuna es un recordatorio de que la Naturaleza es impersonal. Tu destino puede caer, pero también se levantará de nuevo, y esta carta suele ser indicio de que tu fortuna pronto empezará a mejorar.

Significados adivinatorios: Una cuestión de azar; buena suerte; éxito; oportunidad; el destino y la fortuna se unen; una encrucijada en la vida; una decisión importante; un ciclo espiritual; un poco de buena fortuna inesperada; los altibajos naturales de la existencia; una circunstancia sorprendente; los factores invisibles juegan un papel importante.

Invertida: Buena fortuna mezclada con retraso o carga; una dificultad no prevista; obstáculos; el éxito requiere perseverancia; una mala elección; una oportunidad perdida o no reconocida.

Usos mágicos: Agrega poder a la mayoría de los hechizos, y es excelente para atraer la buena suerte, el éxito y las oportunidades. También puede utilizarse para manifestar un cambio de fortuna o de circunstancias, o para representar un ciclo o un giro del destino.

11 • LA JUSTICIA

11. Justicia

Descripción: Al igual que la Rueda de la Fortuna sigue circulando, también la rueda del karma sigue girando y la mano de la Justicia continúa cayendo. Símbolo de la ley humana y del orden kármico, la justicia resuelve los problemas de aquéllos que la naturaleza no ha podido resolver con sus caprichos ordinarios del destino. Como todo organismo vivo, el mundo se esfuerza por alcanzar el éxtasis, un estado de equilibrio. Cuando las cosas se desequilibran, la Justicia se abalanza sobre ellas para hacerlas justas y corregirlas. Esperamos que la vida sea justa, y la constatación de que no siempre lo es puede ser un fastidio. La Justicia nos recuerda que la equidad, la igualdad y el equilibrio a veces se imponen. Las acciones tienen consecuencias y, tarde o temprano, esas consecuencias alcanzarán a una persona para darle un empujón hacia adelante o para hundirla en el barro.

Significados adivinatorios: Reglas del karma y del mundo físico; una acción judicial u otro asunto legal; equidad; superar adversarios; hacer lo correcto; una advertencia de retribución; buen juicio; sopesar cuidadosamente una decisión; una afirmación de autoridad; una promesa; una disputa; una actitud de superioridad moral; ser demasiado crítico.

Invertida: Acción autoritaria tomada contra el consultante; mal juicio; parcialidad; necesidad de mayor deliberación; un abuso de poder; se cosecha el karma.

Usos mágicos: Es bueno para los hechizos destinados a enderezar las cosas, para los hechizos destinados a acelerar los efectos del karma y para la magia protectora y defensiva. Puede utilizarse para representar asuntos legales, autoridad y justicia.

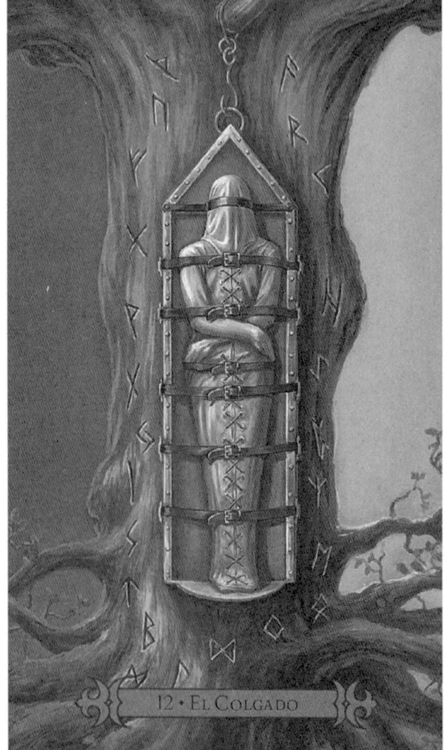
12 • El Colgado

12. El Colgado

Descripción: Esta carta tiene dos temas principales: la transcendencia y la suspensión. Aunque físicamente está atrapado y atado, el Colgado supera su circunstancia para ganar en espiritualidad y libertad mental. Mi cuerpo y el mundo físicos no son más que recipientes temporales que simplemente pueden contener parcialmente el espíritu, mientras que el alma liberada camina libremente y para siempre.

El Colgado nos recuerda que todo lo que necesitamos para triunfar ya está dentro de nosotros, y que, aunque el mundo exterior puede obstaculizarnos y perjudicarnos, tenemos la opción en cada momento de cada día de pensar y sentir lo que queramos. Al igual que el alma puede trascender el cuerpo para alcanzar una mayor conciencia, también el cuerpo puede trascender los límites de la mente para cumplir el propio propósito.

Aunque el Colgado habla de retraso y suspensión, no es más que una parada temporal en el camino para encontrar la verdadera libertad. Podemos sentir que tenemos las manos atadas, cuando en realidad hay acciones que podríamos llevar a cabo ahora mismo para provocar un cambio inmediato. El Colgado nos insta a buscarlas.

Significados adivinatorios: Falta de voluntad u otro retraso en la toma de una decisión o en la realización de una acción necesaria; restricción; estado de suspensión y periodo de espera; superación de las circunstancias para encontrar la paz interior y la liberación; entrega voluntaria y sumisión consciente; conciencia alterada; la intoxicación excesiva u otra adicción está impidiendo la libertad; aceptación tranquila del destino; ansiedad causada por la dilación; sensación de estar atascado; espera de un juicio o sentencia; un juicio o sentencia desfavorable; ser víctima de las circunstancias; ser incapaz de actuar.

Invertida: Liberarse de lo que le ata; ocuparse de un asunto después de un largo retraso; deseo de sobriedad; un crimen o una mala acción se perdona o queda impune; una grave incapacidad de ver más allá de su estado actual;

hay opciones disponibles y se abren puertas a nuevos caminos que el consultante todavía no ha considerado; ha llegado el momento de tomar medidas que conduzcan a la liberación de las limitaciones y restricciones actuales.

Usos mágicos: Excelente para invocar un estado de mayor conciencia espiritual y para ayudar en la proyección astral o entrar en otro estado de trance, bueno para los hechizos para calmar y aliviar los nervios irritados, grande para la meditación, y bueno para los encantos para crear un retraso o una suspensión. Se puede utilizar para representar la embriaguez y, si se utiliza, puede ayudar a superar la adicción o la indecisión.

13 • La Muerte

13. La Muerte

Descripción: La mortalidad es una secuela de la vida, y aunque podamos morir mil veces al día, inevitablemente nos levantamos del polvo para empezar de nuevo. Mi cuerpo es un contenedor temporal, al igual que las estructuras que construimos en la vida. Hagamos lo que hagamos, el cambio es inevitable y la muerte también. Lo que se siembra debe ser cosechado y no crecerá más, pero por medio de este sacrificio se permite que florezca una nueva vida. Al igual que las cosechas en los campos deben dar su vida por la vida de los que las comen, y ésta, en general, también requiere sacrificio. La carta de la Muerte nos recuerda que todas las cosas buenas tienen un precio y una fecha de caducidad, por lo que debemos esperar hacer algunos sacrificios y disfrutarlos mientras se pueda. Representando el sacrificio, los finales, el cierre y la transformación, la carta de la Muerte simboliza un camino que todos debemos recorrer. La muerte puede ser física, emocional o espiritual, pero en todas sus formas, sigue siendo una parte de la vida. Deja ir lo que se ha ido, y aprovecha la vida cada día que se te conceda.

Significados adivinatorios: Un vuelco; un cambio de mareas; una transformación; cambio; muerte; sacrificio; renacimiento; obstáculos en el camino hacia la iluminación; una luz en el horizonte lejano ofrece sabiduría, fuerza y esperanza; el karma cierra el círculo y lo que se ha sembrado se recoge en el presente.

Invertida: Se requiere una transformación, pero no se intenta; una caída; sentimientos de abandono espiritual.

Usos mágicos: Excelente para invocar un cambio o trastorno importante, para hechizos que transformen una jerarquía existente y para rituales de comunicación con los muertos o para meditar y superar el dolor.

14 • La Templanza

14. La Templanza

Descripción: Mientras que el Colgado representa la restricción física, la Templanza simboliza la limitación espiritual. El amor y la vida son preciosos y frágiles, y deben manejarse con cuidado. La Templanza es la mano ligera, el toque suave. Es la sabiduría de la reserva, la virtud del silencio. Es el símbolo por excelencia de la transformación espiritual resultante de una cuidadosa alquimia del corazón y la mente, llevada a cabo con moderación y precisión.

Significados adivinatorios: Protección espiritual; reserva; tranquilidad; moderación; comunicación; curación; sobriedad; un trabajo creativo de colaboración; una mente pacífica; una presencia serena; un guardián útil; una reconciliación; un compromiso; una combinación o reelaboración de energías; mantener una cuidadosa guardia sobre las aguas emocionales.

Invertida: las energías se vuelcan en comportamientos destructivos o de despilfarro; desequilibrio; se interrumpe un periodo de calma; desbordamiento de las emociones; necesidad de mayor sobriedad; necesidad de reserva; ansiedad; un deseo de vida pacífica se siente insatisfecho; una disputa; necesidad de compromiso.

Usos mágicos: Excelente para aportar equilibrio y moderación, para calmar la pena o la ansiedad, para mejorar la comunicación y para aumentar la cooperación y traer buena suerte a las relaciones de pareja. También se puede utilizar para aumentar la reserva o, al revés, para soltarla.

15 • El Diablo

15. El Diablo

Descripción: El Diablo es el embaucador por excelencia, esa bestia lujuriosa que todos llevamos dentro y que nos atrae hacia la avaricia, la ira, la envidia y otros vicios sin tener en cuenta el efecto sobre el alma u otras consecuencias. Mientras que la Templanza representa la contención, la moderación y el cuidado, el Diablo representa el abandono, el exceso, el desprecio y la indiferencia. Es la sensación de derecho que sentimos cuando no nos corresponde. Es el miedo y la desesperación, la sombra de las tinieblas que se come la luz. Representando la tentación y la destrucción, el Diablo nos recuerda que lo que puede parecer una ganga en el momento puede convertirse fácilmente en un trato desagradable a largo plazo. El precio del vicio es la virtud, y es un precio muy alto.

Significados adivinatorios: Un espíritu atado por energías destructivas; adicción; estar encadenado por el materialismo u otros vicios; lujuria; asociaciones peligrosas; intoxicación; vanidad; esclavitud en todas sus formas; una advertencia contra el comportamiento imprudente y destructivo; un estilo de vida superficial; una atracción que es puramente sexual.

Invertida: Se rompe una adicción; se evita el materialismo; se debe tener mucha precaución; se acaba una mala relación; las fuerzas destructivas pierden su control; se necesita un cambio hacia un estilo de vida más sano y significativo.

Usos mágicos: Invertida esta carta puede ayudar a superar la adicción, la dominación, el materialismo, una relación física superficial o la negatividad. En posición vertical, se puede utilizar con mucho cuidado para la protección, la magia vinculante positiva, pero ser claro de tus intenciones y necesidades o mal karma caerá sobre ti.

16 • La Torre

16. La Torre

Descripción: Por muy fuerte que construyamos la casa, el Lobo Feroz puede aparecer para derribarla. La Torre representa esas explosiones inesperadas de violencia y caos que, a veces, barren nuestros caminos para borrar nuestras huellas y dejarnos en la desesperación y la angustia. Nos esforzamos en la vida para llegar más lejos; alcanzamos las estrellas y apuntamos al cielo, pero lo que a menudo es una larga subida es una corta caída. La Torre muestra que, incluso la fortaleza más fuerte es propensa a los estragos del hombre y del tiempo. Ya sea una prisión o un palacio, el polvo volverá a desmoronar los muros en los que habitamos.

Significados adivinatorios: Destrucción; el crecimiento espiritual se ve desafiado o sufre un retroceso; una pelea; un accidente; el caos; la inseguridad; el nerviosismo; la inestabilidad; la adversidad; una advertencia para extremar la precaución; un exceso de poder; la evacuación; el desalojo; se aconseja escapar.

Invertida: Una circunstancia que parece desafortunada trae un cambio necesario; la evacuación de un lugar o situación peligrosa; una advertencia para que se extreme la precaución; el desarrollo espiritual necesita un nuevo camino; un accidente grave; una ganancia inesperada.

Usos mágicos: Esta carta puede utilizarse para representar un plan fallido, un accidente, el caos, el peligro, un desastre o una depresión grave. Cubierta con una carta protectora como el As de Oros, y combinada con una acción lógica y cuidadosa, tal desgracia puede prevenirse o disminuir sus resultados. Mantén una intención positiva cuando utilices esta carta.

17 • La Estrella

17. La Estrella

Descripción: Mientras que la Torre es el relámpago que nos hace caer en la angustia y la desesperación, la Estrella es el fuego de la esperanza y la inspiración que puede calentar nuestros corazones incluso en las noches más frías. Representando la chispa mágica y el espíritu ilimitado que reside en el mundo y también en nosotros, la Estrella nos anima a pedir un deseo. Se necesita algo más que deseos para que los sueños se hagan realidad, por supuesto, pero sin un poco de esperanza y fe, las posibilidades son escasas. La Estrella es la diosa de la luz, la vida y el amor, y para obtener sus bendiciones sólo hay que soñar.

Significados adivinatorios: Un espíritu eterno; renovación; curación; creatividad; un hechizo es respondido; esperanza; inspiración; una efusión de espiritualidad o emoción; nutrir el mundo con espíritu; un deseo considerado sagrado; sueños; viaje astral y comunicación mágica; fertilidad; abundancia después de un tiempo de escasez; oportunidad; lluvia; inundación; una promesa cumplida.

Invertida: Decepción; pena; pérdida de la esperanza; un retraso temporal en el progreso de los proyectos creativos; un sentimiento de carencia; sensación de hastío; abandono; reserva que lleva a la soledad; una enfermedad se agrava; un deseo queda sin cumplir; una promesa se rompe; falta de fe; infertilidad.

Usos mágicos: Excelente para la magia de los sueños, la amplificación de la energía mágica, los hechizos para aumentar la energía psíquica. o reponer el espíritu, la magia del amor y los encantos para hacer realidad un deseo.

18 • La Luna

18. La Luna

Descripción: A pesar de su distancia, el ascendente de la Luna sobre la humanidad es innegable. Controlando las mareas e iluminando la noche, la luna hace posible tanto la supervivencia como las travesuras. En representación de los aspectos ocultos de la psique humana y el reflejo de los aspectos vitales de la diosa lunar, la Luna arroja una luz sutil que es fácil de ignorar si no prestamos atención. Sin embargo, incluso en tiempos de desolación, se pueden encontrar joyas de sabiduría y rayos de esperanza e inspiración que pueden ayudar a iluminar el camino hacia adelante y sostenernos en el viaje. No debemos tener miedo de asomarnos a la oscuridad, porque ahí es donde encontraremos la luz.

Significados adivinatorios: Desolación emocional o espiritual y privación; gemas de luz en tiempos de oscuridad; un talento o idea latente cobra vida; fuerzas ocultas juegan un papel influyente; la verdad se oscurece; incertidumbre; ocultación; un amigo en el que no se debe confiar; sospecha; un tiempo de sequía espiritual, física o emocional.

Invertida: Se revela la verdad; traición; las sospechas salen a la luz; espíritu en estado de transformación; pesimismo y falta de fe; alivio temporal durante un periodo de sequía.

Usos mágicos: Buena para la magia destinada a mantener algo secreto u oculto, la magia de protección, los hechizos para aumentar la Energía Psíquica., los hechizos para absorber y neutralizar la negatividad, y para calmar las penas. Durante la luna creciente, se puede utilizar para amplificar la energía mágica. Invertida esta carta es útil para los hechizos para descubrir o superar las influencias que no son dignas de confianza.

19 • El Sol

19. El Sol

Descripción: Al suministrar energía a las plantas y calor y luz a los animales, el Sol nos permite crecer y prosperar. Como representación de ese cuerpo celeste, la carta del Sol es el símbolo por excelencia de la vida. Mientras que la luz de la Luna es suave y sutil, el resplandor del Sol es fulgurante e innegable. Mientras que la Luna representa los aspectos más ocultos del corazón y la mente del ser humano, el Sol simboliza la luz que llevamos dentro y que decidimos compartir libremente con el mundo. Es el éxito, el brillo y la iluminación. Es calor, energía, crecimiento y creación. Al igual que la vida en la tierra finalizaría sin el Sol, también el corazón humano se marchita por pasar demasiado tiempo en las sombras. El Sol nos recuerda que el éxito no tiene un número, y que la verdadera gloria y la satisfacción exclusivamente se consiguen dejando que la luz que hay en tu interior brille para que todos la vean.

Significados adivinatorios: Satisfacción; abundancia; felicidad; un deseo que se cumple; una perspectiva nueva; niños; un matrimonio alegre; un nuevo esfuerzo creativo que florece y trae deleite; inocencia;

curiosidad; éxito; fuerza; buena salud; sostenimiento; tiempo soleado.

Invertida: La satisfacción y la felicidad son posibles, pero no se alcanzan del todo; los hijos necesitan ser parte central y prioridad; se obtiene una medida de éxito; un hijo está enfadado con los padres o tiene otros problemas; tiempo algo nublado, pero sin lluvia.

Usos mágicos: Es ideal para purificar, desterrar, protección y hechizos de limpieza, magia curativa, magia para levantar el ánimo, magia para proteger y curar a los niños y hechizos de fertilidad. Amplifica el poder de la mayoría de los hechizos, y es especialmente potente durante los meses de verano.

20 • El Juicio

20. El Juicio

Descripción: El Juicio, representa la renovación y el renacimiento, nos recuerda que, aunque todas las cosas buenas tienen que finalizar, todas están destinadas a comenzar de nuevo. Al igual que las plantas crecen y se marchitan y mueren, convirtiéndose en tierra para ayudar a que crezcan nuevas plantas, así también brota una nueva vida de los recovecos más oscuros del corazón, la mente y el alma del ser humano. Es el cambio de conciencia que puede producirse en cualquier minuto de cualquier día, la comprensión de que, pase lo que pase, todo va a salir bien. Es la elección de vivir en lugar de conformarse con una vida a medias; es la elección de un nuevo comienzo en lugar de elegir permanecer empantanado en el fango. Es la evolución espiritual y la renovación física, una nueva vida tras un periodo de muerte interior.

Significados adivinatorios: Un cambio importante en la conciencia; una evolución hacia una existencia más liberada espiritualmente; responder a una llamada; moralizar y juzgar; selectividad; crítica; volverse menos atado por los asuntos y preocupaciones mundanas; una muerte; un cambio a una posición más elevada.

Invertida: Un juicio o una crítica dura; fracaso o retraso en seguir la propia vocación; un cambio a una posición menos favorable; el alma ha quedado atrapada en la oscuridad y la luz del espíritu necesita recargarse.

Usos mágicos: Es bueno para los rituales de curación, los rituales de cruce para ayudar a la transición de los recién fallecidos, la magia para despertar o rejuvenecer, el trabajo de hechizos para la transformación, las meditaciones sobre el ciclo de la vida y la muerte, y para los trabajos para convocar a los espíritus de los muertos. También se puede utilizar en magia y rituales como símbolo de la diosa en su aspecto oscuro de arpía, la guardiana del caldero de la vida, la muerte y el renacimiento. Invertida es una excelente opción para los hechizos de conclusión y también es eficaz en trabajos de hechizos defensivos diseñados para poner a los enemigos en manos de la diosa y en el flujo de su propio mal karma.

21 • El Mundo

21. El Mundo

Descripción: Símbolo de una vida vivida en concordia con la naturaleza en todos sus aspectos, el Mundo es un ideal a menudo perseguido: adaptarse y evolucionar como seres espirituales perfectamente asimilados a la vida tanto en la tierra como en el más allá. Mientras que el Loco representa el espíritu libre de forma física o de conciencia de sí mismo, el Mundo es el espíritu consciente materializado. Es la unificación de fuerzas, la culminación de la energía gastada para realizar un trabajo. Es el éxito y la oportunidad. Es la diosa de la creación, donde todo comenzó y a donde todos regresamos. Mi Mundo es el hogar, y puedes tenerlo en tu corazón y en tus manos.

Significados adivinatorios: Satisfacción divina; buena fortuna; éxito; el destino cierra el círculo; un cambio positivo, destinado o necesario; riqueza espiritual y material; un ciclo; salud; fertilidad; alegría; una víctima; existencia iluminada; oportunidad.

Invertida: El éxito es inminente, pero se retrasará; la vida deseada todavía no se ha logrado; una desgracia temporal o leve; el ciclo no se ha completado.

Usos mágicos: Añade poder a cualquier hechizo, excelente para la magia para atraer el éxito, la riqueza, la buena fortuna y la oportunidad, y excelente para la magia para levantar el ánimo y los hechizos de curación ambiental.

SEIS: Los Arcanos menores

Aquí hallarás una guía para interpretar las cartas de los arcanos menores. Ten presente que estas cartas suelen hablar de las luchas cotidianas y de los retos y sucesos mundanos del mundo real en la vida del consultante, a diferencia de las cartas de los arcanos mayores, que suelen reflejar temas más épicos, de largo alcance o espirituales.

Al igual que con los arcanos mayores, encontrarás más de un significado para cada carta. Estos significados representan potenciales; una carta puede significar una cosa en una lectura, y varias cosas diferentes en otra lectura. Nunca leas al consultante directamente de una guía de interpretación del Tarot, porque normalmente una carta no reflejará todos sus significados potenciales, y dar al consultante información innecesaria e irrelevante puede interferir con la transmisión del verdadero mensaje de la lectura. Como lector, deberás determinar cuál de los posibles significados de una carta se indica en cada lectura individual que ejecutes.

Una tarjeta puede significar para ti algo que no figura en esta guía. No descartes esas impresiones, más bien valóralas. Deja que las imágenes del Tarot te inspiren para obtener tus propias percepciones sobre el simbolismo y los significados de las cartas.

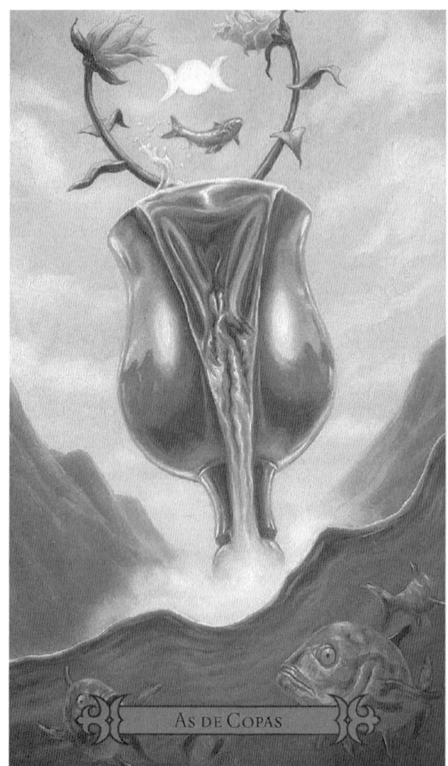
As de Copas

As de Copas

Descripción: Los poderes fundamentales del Agua; el amor; la curación; la paz; un tiempo de abundancia; la creatividad; un desbordamiento de la emoción; el espíritu brilla; grandes bendiciones; el verdadero amor y el romance; el espíritu en su más maleable.

Invertida: El amor se pierde; afecto no correspondido; una pelea de amantes; un desbordamiento de emociones trae dolor; una pérdida espiritual; una necesidad no satisfecha de más afecto; una expresión de indiferencia hacia o de un ser querido.

Usos mágicos: Se utiliza para el amor y el romance, la curación y el estado de ánimo mágico, la paz que trae la magia, y para el trabajo de hechizos tienden a acrecentar la creatividad o para atraer el éxito en los campos creativos.

Dos de Copas

Dos de Copas

Descripción: Encuentro con un amigo o un interés romántico; compañerismo; una unión; sentimientos compartidos; amor; cooperación; una colaboración; se forja una conexión importante.

Invertida: Una ruptura o una disputa; una reunión se retrasa o sale mal;

una amistad se aleja; una diferencia de sentimientos hacia el otro; una separación.

Usos mágicos: Usar para atraer el amor y el romance, impulsar la pasión, dar coraje a la cooperación, inspirar compasión y lograr el éxito en proyectos de colaboración.

Tres de Copas

Tres de Copas

Descripción: Diversión compartida; frivolidad; embriaguez; socialización y unión con amigos y amantes; felicidad; celebración; un corazón joven; bendiciones y gratitud; lujuria por la vida; magia.

Invertida: Una advertencia contra la fiesta y la embriaguez excesivas; un acontecimiento especial no está a la altura de las expectativas; una pérdida de amor; una pérdida de alegría; una pérdida de amistad o una necesidad de volver a conectar con los amigos; una necesidad de relajarse y celebrar las bendiciones y los triunfos.

Usos mágicos: Útil para la magia que eleva el estado de ánimo, la magia que permite la espontaneidad o una actitud más despreocupada, los hechizos para atraer a nuevos amigos o mejorar las amistades actuales, la magia para reducir la ansiedad social y la magia destinada a manifestar más oportunidades de diversión y juego.

Cuatro de Copas

Cuatro de Copas

Descripción: Una oferta se extiende; una oportunidad pasa desapercibida o se ignora activamente; la cavilación y el exceso de análisis hacen que se pierdan las posibilidades reales y presentes; la reflexión; la contemplación.

Invertida: Se levanta un estado de ánimo metódico o melancólico; un cambio de enfoque y conciencia; una oferta rechazada; una oportunidad perdida; una necesidad de pensar las cosas.

Usos mágicos: útil en la magia para manifestar ofertas y propuestas, y en hechizos para fomentar el pensamiento claro, creativo y productivo cuando haya un asunto que requiera un pensamiento y una contemplación cuidadosos. También puede usarse en hechizos para representar la apatía o la morosidad.

Cinco de Copas

Cinco de Copas

Descripción: Decepción; luto; pérdida y tristeza; pesadumbre y angustia persistentes; añoranza de una relación rota o perdida; centrarse en lo negativo; el dolor del pasado hace que uno se aleje o ignore las posibilidades del presente.

Invertida: Superar una pérdida o una decepción; cambiar la atención hacia nuevas oportunidades después de estar triste por una ruptura o una recesión; una advertencia contra la obsesión y la nostalgia por las decepciones.

Usos mágicos: Utilizar en hechizos para representar la pena, el desamor, la depresión o el dolor. Invierte o cubre la carta con el As de Copas para acelerar la curación y la recuperación después de una pérdida de la relación u otro desamor.

Seis de Copas

Seis de Copas

Descripción: Yo del pasado; reaparece un interés romántico o un amigo del pasado; la infancia; la amistad; la reconexión con una forma de vida anterior; la fuerza de las raíces; la memoria ancestral; se recupera lo perdido; la reconciliación; la nostalgia; los recuerdos; la lealtad.

Invertida: Se rompen los lazos con el pasado; una disputa con un amigo o la pérdida de un amigo; traición o falta de lealtad; necesidad de examinar y volver a conectar con las propias raíces; un asunto del pasado no fue resuelto o atendido; una discusión entre hermanos.

Usos mágicos: Utilízalo en hechizos para reconectar con algo o alguien del pasado, para recuperar algo perdido o robado, o para representar conexiones muy arraigadas, amistades, ancestros y lazos con el pasado.

SIETE DE COPAS

Siete de Copas

Descripción: Los deseos; la fantasía; la tentación; la ilusión; los deseos no alcanzados o inalcanzables; el sueño y el reino de los sueños; los objetivos e intereses superficiales; el beneficio; el tesoro; la lujuria; un deseo; infidelidad; una quimera; no reconocer la realidad de una situación; se necesita un plan más práctico.

Invertida: Se rompe una ilusión; se adquiere una perspectiva o un plan de juego más realista; se cumple un deseo, pero resulta insatisfactorio; un sueño abandonado; se lucha por ser menos superficial; una resistencia a la fantasía y a la tentación; una mala aventura empresarial conduce a una reducción de la riqueza.

Usos mágicos: Utilízalo en amuletos para invocar un elemento de fantasía, para potenciar las pasiones y para atraer la suerte en la manifestación de tus sueños y deseos más salvajes.

Ocho de Copas

Ocho de Copas

Descripción: Alejarse de un interés romántico o de una relación que ya no satisface; elección de dejar pasar el amor; rechazar una oferta; seguir adelante después de un trabajo emocional agotador; la lógica toma control sobre la emoción; el deseo de soledad; el distanciamiento de un asunto emocional; el dejar atrás un asunto; el embarcarse en nuevas aventuras; el dejar atrás el pasado y seguir adelante; el contemplar si quedarse o irse.

Invertida: Se reexamina una relación pasada; viejas emociones y recuerdos vuelven al primer plano; tensión emocional que puede evitarse; vacilación para seguir adelante; incertidumbre emocional; la culpa u otra emoción no resuelta mantiene al consultante en su situación actual.

Usos mágicos: Útil en los rituales destinados a romper los lazos y avanzar desde una situación o experiencia pasada que te ha agobiado, y para las meditaciones destinadas a ayudarte a procesar las emociones y llegar a un acuerdo con cualquier asunto persistente no resuelto. También se puede utilizar en hechizos para representar un viaje importante o un momento de decisión que cambia la vida.

NUEVE DE COPAS

Nueve de Copas

Descripción: El amor y las emociones se conservan a una distancia segura para evitar el dolor potencial; una existencia superficial o vana; montar el éxito; acumular riqueza; el éxito monetario; la codicia; la organización; tener todo controlado; mantener una apariencia de éxito; ser demasiado controlador en una relación romántica o familiar; orden; necesidad de más pasión y espontaneidad; una persona que tiene problemas para abrirse emocionalmente por miedo a lo que no puede controlar; reprimir las emociones para mantener o lograr la objetividad en una situación particular, o para mantener una apariencia de control.

Invertida: Una pérdida financiera; un asunto emocional que se ha evitado o ignorado que exige atención; una vida organizada se desordena; desorganización y caos; un intento de intimidad más emocional por parte de alguien que normalmente intenta mantener la distancia; una necesidad de organizarse; una necesidad de poner en orden los planes y los recursos antes de obtener el éxito que se busca.

Usos mágicos: Útil en hechizos y encantos para ayudar a la organización, para apoyar la acumulación de recursos, y en meditaciones para ayudar a obtener una mayor objetividad cuando las emociones están nublando su punto de vista. Invertida se puede utilizar en la magia para abrir el corazón y fomentar un intercambio más completo y honesto de las emociones.

Diez de Copas

Diez de Copas

Descripción: La felicidad; la paz; la prosperidad; un futuro alegre; momentos felices con los amigos o la familia; sueños y metas; satisfacción; paciencia; una relación feliz y amorosa; felicidad encontrada en los placeres sencillos; ver un futuro compartido; sentimientos de seguridad y amor; lo que se necesita está disponible de una fuente inesperada; se formula una visión de éxito.

Invertida: Una decepción o un retraso en algo esperado; la paz y la felicidad se ven ligera o temporalmente interrumpidas; sentirse insatisfecho; un periodo temporal de carencia financiera o emocional; sentir desconexión y distancia en una relación; necesidad de reconectarse con un ser querido; se puede encontrar una nueva inspiración si se permite que florezcan nuevos sueños y experiencias; una pérdida de esperanza; impaciencia por no haber logrado lo que se desea; un sueño o un futuro experimentado que nunca llegó a realizarse; necesidad de seguir intentándolo.

Usos mágicos: Se utiliza para ayudar a conseguir el éxito y para manifestar que los sueños y deseos se hagan realidad. También es útil para los hechizos que fomentan la unidad, la intimidad, la paz y la armonía, o para ayudar a restaurar la intimidad, la pasión, los objetivos mutuos y el entendimiento en una relación.

Sota de Copas

Sota de Copas

Descripción: Una persona creativa que es un artista, músico o escritor; una musa; una persona desenfadada; una persona juguetona; un interés romántico; la emoción de un nuevo amor; el amor de cachorro; la diversión; la creatividad; felicidad; una oferta de amor; amor y emoción; las artes; un nuevo proyecto creativo cobra vida; el romance;

la embriaguez; el juego; la frivolidad; una actitud desenfadada; alguien que vive la vida con entusiasmo y pasión; un corazón abierto.

Invertida: Afecto no correspondido; pelea de amantes; pérdida de la pasión o falta de chispa; una persona a la que la carta representa es problemática o busca causar problemas; un bloqueo temporal en la creatividad; una idea valiosa se abandona, fracasa o se olvida; la emoción de un nuevo romance u otra búsqueda comienza a desvanecerse; se ignoran los talentos creativos; necesidad de nutrir y expresar nuestro lado creativo; necesidad de nueva inspiración en nuestro trabajo creativo; se necesita una madurez mayor y cierta reserva; una persona con motivos superficiales o egoístas.

Usos mágicos: Útil en hechizos y encantos destinados a atraer el amor, inspirar la pasión o alimentar la creatividad. También puede utilizarse en hechizos para representar a un artista, un músico, un amante o cualquier alma creativa y divertida que sea joven de corazón.

Caballero de Copas

Caballero de Copas

Descripción: Una persona cariñosa que es amable, veraz y galante; romance; un individuo refinado y de buenos modales; amor verdadero y apasionado; se extiende una oferta de amor o compasión; un deseo de conocer a una pareja romántica; una relación amorosa con potencial para crecer y volverse seria; caballerosidad; cortesía y buenos modales; una expresión de emoción; una propuesta; se ofrece ayuda.

Invertida: Retirada de los afectos; disputa con una pareja romántica; rechazo de una oferta de amor; retraso antes de que comience un nuevo romance; una expresión de emoción fue malinterpretada; se han abandonado los sueños de amor; falta de creencia en la propia valía para el amor; falta de confianza en las propias capacidades románticas; necesidad de un mayor romance; malos modales o falta de refinamiento; negación de las propias emociones o del lado más suave; una persona a la que la carta representa tiene dificultades o está en oposición al consultante.

Usos mágicos: Utilizar en la magia del amor para representar a un amante o la idea de un gran amor romántico, o utilizar en los hechizos de resolución de conflictos para manifestar una oferta de paz que se extiende. También se puede utilizar para representar propuestas y otras ofertas.

REINA DE COPAS

Reina de Copas

Descripción: Persona cariñosa, amable, desenfadada; la feminidad; una persona que es deseada románticamente; una personalidad burbujeante; una persona que parece extrovertida pero que lleva una gruesa máscara; Mantener algo secreto u oculto; belleza; atractivo; afectos reservados; guardar el corazón más verdadero exclusivamente para los más dignos; un estado de ánimo onírico; un individuo que da mucha importancia a la apariencia personal; amor y bondad; un sueño sobre un interés romántico.

Invertida: Una persona que representa una amenaza o es vista como un rival en la vida amorosa del consultante; una persona que la carta significa que está causando conflicto o que necesita ayuda; una ruptura o una pérdida de amor; amor no correspondido; expresar las pasiones ocultas y las motivaciones más profundas de uno; compartir un secreto; una falta de reserva; un corazón roto; deshonestidad; ser demasiado abierto y libre con los afectos; una necesidad de contenerse un poco antes de lanzarse de cabeza en una relación.

Usos mágicos: Útil en la magia del amor y en los hechizos y encantos destinados a potenciar la belleza, la feminidad y el atractivo. Invertida se utiliza para provocar la revelación de secretos o la aparición de motivaciones ocultas.

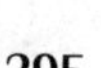

Rey de Copas

Rey de Copas

Descripción: Individuo maduro, cariñoso y bondadoso; amor incondicional; persona que ofrece ayuda; padre cariñoso; alma compasiva y leal; amor verdadero, maduro y estable; enamorado; gentileza; una persona que se siente cómoda con sus emociones; honestidad y lealtad; responsabilidad en el cuidado de los demás; buena salud;

fuerza; amor y compasión; satisfacción; un corazón verdadero; bondad; madurez emocional; una persona que apoya y nutre el lado más suave de uno; la fuerza y el poder del amor; una vida bien vivida; el éxito se gana; disfrutar de las alegrías y los triunfos de los que te rodean; gran éxito y renombre.

Invertida: Falta de compasión; deslealtad; deshonestidad; una persona a la que la carta representa tiene problemas o está causando problemas; mala salud; retención de apoyo emocional; un padre que tiene problemas para expresar el amor por sus hijos; una discusión o una ruptura en una relación romántica; una necesidad de alimentar el lado más suave de uno mismo o una necesidad de estar dispuesto a ser más abierto emocionalmente.

Usos mágicos: Utilizar en la magia romántica para atraer el amor maduro y duradero, para aumentar la lealtad, para fomentar la dulzura, para abrir el corazón, o para atraer el éxito. También puede utilizarse en hechizos para representar a un padre amoroso, para simbolizar la fuerza del amor o para representar la compasión.

As de Oros

As de Oros

Descripción: Riqueza; recursos; se recibe dinero; prosperidad; empleo; una base sólida; una fijación mental en un asunto de dinero; una fuerte conexión con la Naturaleza; protección y defensa; fuerza; seguridad; estabilidad; los poderes elementales de la Tierra; el poder de la Naturaleza; tener los pies en la tierra sobre un asunto concreto; una oportunidad; una nueva fuente de ingresos; el esfuerzo será rentable; poder mágico; un frente unido; la Naturaleza conspira para echar una mano al consultante.

Invertida: Una dificultad financiera o continuas dificultades financieras; un gasto inesperado; una necesidad de mayor estabilidad; nuestro sentido de seguridad personal se ve sacudido; una necesidad de reconectarse con la Naturaleza; pérdida de ingresos o dificultad para encontrar un trabajo; descuido de los talentos mágicos; una necesidad de dejar de centrarse tanto en el dinero; ansiedad; una aventura comercial imprudente; una base pobre; se necesita una mayor frugalidad.

Usos mágicos: Se utiliza en hechizos y encantos para atraer dinero u otros recursos materiales, en la magia defensiva o protectora, en la curativa, en la destinada a aumentar la fuerza y en la destinada a estabilizar las energías erráticas. También se puede utilizar para representar la naturaleza en su conjunto, el elemento tierra, o para aumentar el poder de cualquier hechizo.

Dos de Oros

Dos de Oros

Descripción: Luchar por mantener el equilibrio y la estabilidad; hacer malabares con demasiadas cosas a la vez; un trastorno o cambio en las condiciones actuales; una ponderación de opciones o una comparación de valor; pérdida de propósito y falta de equilibrio; vivir una doble vida; sobrellevar el caos; valores o deseos contradictorios; un estilo de vida hipócrita; una doble moral; embriaguez u otras formas de intoxicación; un individuo con dos caras; decepción u otras formas de engaño; dejarse llevar por los golpes; un entorno caótico; trastorno de la sensación de seguridad; tener que hacer malabares con las finanzas para llegar a fin de mes; un trastorno de la fortuna financiera; estar en paz con las mareas del destino y tomarlas como vienen.

Invertida: Desequilibrio extremo; caos; agitación que abruma; el acto de malabarismo fracasa; se revela un engaño; la intoxicación excesiva es una fuente de infortunio y dolor crecientes; peligro; una caída u otro accidente; una advertencia de aguas peligrosas o clima amenazante; una advertencia de que las acciones actuales no pueden mantenerse por mucho tiempo; se necesita una base más firme si se quiere obtener lo que se busca; agotamiento nervioso por tener que manejar las finanzas estiradas demasiado o por tener que mantenerse al día con demasiadas cosas a la vez.

Usos mágicos: Utilizar en hechizos y rituales para representar el caos y la agitación, para simbolizar la necesidad de un mayor equilibrio, o para ayudar a salir de un engaño. Invertida se utiliza para romper las ilusiones y hacer que salgan a la luz los engaños y la doble moral.

Tres de Oros

Tres de Oros

Descripción: Destreza en un oficio; éxito y reconocimiento profesional; gremio de trabajadores; puesta en práctica de las habilidades y talentos propios; cooperación; aceptación en una escuela u otra organización; ganar la aceptación en un grupo de pares; el aprendizaje o la tutoría; el empleo; el entorno de trabajo; la creación de redes entre los contactos de negocios; un trabajo bien hecho; la obtención de un título u otra certificación; la formación y el desarrollo; la educación y el estudio; el estudio esotérico; los aquelarres y otros grupos mágicos; el conocimiento compartido; se debe consultar a un profesional; se obtiene el trabajo o la comisión.

Invertida: Pérdida de un trabajo; o dificultad para encontrarlo; sentirse rechazado por los compañeros o los colegas; condiciones de trabajo desagradables; un trabajo mal hecho o descuidado; un artesano mal formado; chismes de oficina; los compañeros hablan a espaldas de uno; se necesita más investigación; se debe contemplar un cambio de empleo; se necesita más formación o educación para lograr el objetivo personal; necesidad de tomarse los estudios más en serio; un grupo de magia u otro club o gremio que ya no sirve a los intereses de uno.

Usos mágicos: Buena para el trabajo de hechizo destinado a conseguir un nuevo empleo o a lograr el éxito en el campo profesional elegido. También es bueno para los estudiantes que quieren mejorar sus habilidades de estudio o ampliar su educación, y un activo para los hechizos y encantos destinados a ayudar a ganar la aceptación en una escuela u organización profesional. También se puede utilizar para representar grupos mágicos o la idea de estudio mágico, y puede ser utilizado para ayudar a mejorar las habilidades y aumentar la fortuna de cualquier persona en los oficios o la artesanía.

Cuatro de Oros

Cuatro de Oros

Descripción: Obstinarse demasiado; avaricia; ahorro y frugalidad; miseria o tacañería; tener el dinero necesario; se guarda un secreto; se valora mucho la estabilidad financiera; preocupación por la pérdida de recursos o la ansiedad financiera en general; la retención de conocimientos o recursos; el apego a algo que proporciona una sensación de seguridad y fundamento; la resistencia al cambio; el miedo a soltar el ego crea un espíritu aislado atrapado en lo material; los apegos mundanos y la excesiva importancia que se da al éxito material; la estabilidad; el sentirse arraigado y seguro; la protección mágica; la ocultación; el sentirse amenazado en sus recursos o en su sensación de estabilidad; el cerrarse y protegerse en exceso.

Invertida: Un gasto imprevisto o particularmente difícil; el miedo a no tener suficiente dinero; gastar dinero con demasiada libertad; dejar de lado los apegos; revelar un secreto; algo se pierde o se regala; inestabilidad y agitación financiera; ver más allá del mundo físico; dejar de lado una situación segura y cómoda para perseguir nuevos objetivos; dejar de lado una oportunidad; uno siente que le han quitado la alfombra; pérdida de recursos; pérdida del sentido de seguridad; necesidad de ahorrar más dinero y ser más frugal.

Usos mágicos: Utilizar en hechizos destinados a apoyar el ahorro de recursos o para ayudar a construir una base firme y segura. También es bueno en los amuletos de protección y excelente como ocultador mágico cuando prefieres que tus acciones pasen desapercibidas para los demás. Invertido, utilízalo para ayudar a soltar apegos que ya no te sirven, o para ayudar a que la verdad salga a la luz cuando se oculta información importante.

Cinco de Oros

Cinco de Oros

Descripción: Centrarse en exceso en la condición física inhibe su conciencia espiritual; se cierra una puerta; los límites, dolencias y necesidades del cuerpo físico; distancia emocional; falta de caridad; pobreza y necesidad; la desolación; los amantes separados por las circunstancias o el destino; el rechazo; la sensación de estar excluido por los que te rodean; la falta de compasión; el frío; la falta de un camino o una puerta abierta que conduzca a lo que uno busca y la necesidad de forjar un nuevo enfoque.

Invertida: Se abre una puerta cerrada con llave; aparece una nueva oportunidad de éxito; caridad; se necesita ayuda; la pobreza extrema o la desolación durante un largo periodo de tiempo han hecho que uno se sienta débil y desesperado; una advertencia para que cierre las puertas de su coche y de su casa; una advertencia para que no se encierre ni deje las llaves puestas; un frío intenso o un tiempo desagradable.

Usos mágicos: Utilízala en el trabajo de hechizos para crear nuevos caminos hacia el éxito y para abrir puertas a nuevas oportunidades. Contempla las barreras que hasta ahora se han interpuesto en tu camino, luego coloca la carta a la posición invertida mientras imaginas que estas barreras se rompen para revelar un camino abierto que conduce exactamente a donde quieres estar.

Seis de Oros

Seis de Oros

Descripción: Regalo, generalmente de dinero; compasión y caridad; caridad para impresionar a los demás; hacer gala de la propia benevolencia; mendigar; sopesar cuidadosamente lo que se gasta; estar harto del gasto o de que la gente pida su caridad; dar o recibir energía sin un intercambio justo a cambio; no recibir una paga justa por el trabajo; hacer algo aparentemente bueno por compasión hacia otro; alguien que da a los demás únicamente lo que debe; un pequeño favor; hacer trampas; aceptar ayuda u ofrecerla; estar en una posición de desigualdad; sumisión.

Invertida: tacañería; la ayuda se da con resentimiento; ser estafado; hay que cancelar un trato; se niega una petición de ayuda; problemas para aceptar la ayuda de los demás; se expone al hipócrita ostentoso; agotamiento provocado por una vida vivida al servicio constante de los demás; dar o gastar más de lo previsto.

Usos mágicos: Se utiliza en hechizos cuando se necesita ayuda, especialmente cuando se trata de ayuda del tipo financiero que se busca. También puede utilizarse en hechizos destinados a potenciar la generosidad y la compasión.

SIETE DE OROS

Siete de Oros

Descripción: Esperando que los esfuerzos fructifiquen; el trabajo constante y cuidadoso del consultante y su paciencia se están acumulando y pronto verán los resultados; trabajando hacia un buen futuro; la paciencia desafiada; el éxito se alcanzará después de un retraso; una recompensa largamente esperada está a punto de llegar; la espera de un dinero esperado; un tiempo de cuidado y nutrición; la responsabilidad; un plan privado o una idea querida; verter su sangre, sudor y lágrimas en un proyecto o persona; cuidar bien de algo precioso.

Invertida: Un esfuerzo por fin llega a buen puerto; un tiempo de cosecha; un esfuerzo descuidado necesita atención; un periodo de retraso está terminando; la impaciencia impide el crecimiento potencial; la oportunidad; la espera ha terminado; una cosecha fallida; los planes y proyectos no dan resultados; no obtener un intercambio igual por el trabajo que uno ha puesto.

Usos mágicos: Utilízala en hechizos y rituales para representar la idea de la abundancia y la cosecha, los frutos de tu trabajo y los tesoros de tu esfuerzo. Mueve la carta rápidamente tres veces en un pequeño círculo en el sentido de las manecillas del reloj para acelerar la cosecha.

Ocho de Oros

Ocho de Oros

Descripción: Trabajo y esfuerzo persistentes; propósitos artesanales u otros trabajos que requieren destreza y atención; perfeccionamiento de la destreza mediante la práctica; hastío; artesanía; trabajo duro para adquirir renombre y riqueza; un empleo estable; un gran proyecto que requiere ser completado; deberes adicionales; uno se siente como si siguiera siendo derribado cada vez que se da un paso adelante; esforzarse mucho, pero obtener resultados lentos, ambiguos o insatisfactorios; un trabajo mediocre que lo deja a uno sintiéndose insatisfecho; no llegar a ninguna parte y no por falta de esfuerzo.

Invertida: Esfuerzo inútil o mal orientado; cansarse de un trabajo hasta el punto de querer dejarlo; artesanía deficiente; debería invertirse más energía; se puede encontrar un nuevo entusiasmo y una mayor eficacia si se aborda la situación desde una perspectiva diferente; una habilidad requiere ser mejorada; la pérdida de un trabajo o el abandono de un proyecto creativo; justo cuando el consultante pensaba que estaba a punto de tener éxito, todo lo que ha construido se viene abajo; los esfuerzos de uno no son apreciados.

Usos mágicos: Utilízalo en hechizos para conseguir trabajo en la artesanía o el comercio, o para obtener suerte y resistencia adicional que te ayuden a superar un proyecto especialmente difícil o que requiera mucho trabajo. Invertida puede utilizarse para provocar el colapso de planes y proyectos.

Nueve de Oros

Nueve de Oros

Descripción: Un modo de vida bueno y saludable en armonía con la Naturaleza; prosperidad; riqueza; seguridad; un matrimonio feliz; una vida hogareña tranquila; centrarse en el hogar y la familia; una buena madre; una casa o un jardín; un contentamiento sin completa satisfacción; cuidar el jardín exterior pero descuidar el jardín interior; permanecer dentro de los límites autoimpuestos de la propia zona de confort; la riqueza material ha creado muros alrededor del verdadero corazón de uno o lo ha protegido de las realidades exteriores; centrarse únicamente en la propia esfera de influencia y descuidar el resto del mundo; el aburrimiento que sólo se aliviará empujando a uno mismo a explorar más y hacer más cosas fuera de su experiencia normal.

Invertida: Un matrimonio infeliz; una vida hogareña desagradable; la pérdida de una casa; la necesidad de ocuparse de los deberes domésticos; la pérdida de riqueza y estabilidad; las luchas familiares; el estilo de vida deseado aún no se ha alcanzado; la insatisfacción; la depresión provocada por el aburrimiento de hacer lo mismo una y otra vez; el desafío de expandir la zona de confort y de mirar por encima de los muros construidos a su alrededor para descubrir lo que hay más allá; la vuelta al trabajo después de un tiempo en casa.

Usos mágicos: Útil en hechizos y encantos destinados a ayudar a encontrar o vender una casa, y una buena opción para la magia para aumentar la prosperidad. Invertida se utiliza para ayudar a ganar coraje, inspiración y motivación para probar cosas nuevas y vivir con más espontaneidad y audacia.

Diez de Oros

Diez de Oros

Descripción: Tenerlo todo; gran riqueza y prosperidad; una vida hogareña feliz; un hogar amoroso; un matrimonio contento; la fuerza y la unidad de una familia feliz; hijos; seguridad; éxito; comodidad; encontrar la alegría en los placeres sencillos; la felicidad futura es muy alcanzable; el amor y la unión; expresar gratitud y aprecio por las bendiciones de uno;

una relación estrecha que podría llevar al matrimonio; aprecio o interés por nuestras raíces ancestrales.

Invertida: Una vida hogareña generalmente contenta, salpicada de pequeñas ansiedades y dificultades que interfieren con el disfrute; una pequeña pérdida financiera; conciencia de que las cosas podrían ser aún mejores; una situación doméstica que no es ideal, pero que sigue siendo buena y agradable; peleas con los parientes; la ruptura de los lazos familiares; una necesidad y un deseo de volver a conectarse con la familia; hay una fuerte red de apoyo compasivo alrededor de una persona que no está aprovechando actualmente.

Usos mágicos: Útil en la magia para promover la paz, el amor, la compasión, la comprensión y la unidad entre los miembros de la familia, y también es excelente para los hechizos y encantos destinados a atraer el éxito y la prosperidad. Como símbolo definitivo del Tarot de la familia, también puedes usar esta carta en meditaciones para ayudarte a conectar con los ancestros.

SOTA DE OROS

Sota de Oros

Descripción: Una persona entusiasta y ávida de experiencias; un adicto al trabajo; un estudiante; un aventurero que se aproxima; que se concentra en una meta; un estudio diligente; trabajador y dedicado; pragmatismo; estar concentrado en un deseo o esfuerzo particular hasta el punto de la obsesión; analizar en exceso; se están adquiriendo conocimientos y experiencia;

un plan bien formulado proviene del pensamiento práctico.

Invertida: Una persona a la que la carta significa se opone al consultante o está pasando por un mal momento; tedio; distracción; no mantener la vista en el premio; perder de vista los objetivos propios y desviarse de los planes hechos en el pasado; necesidad de reevaluar los objetivos para asegurarse de que siguen en línea con el corazón y la mente actuales; la irresponsabilidad o la pereza pueden llevar al desastre.

Usos mágicos: Puede usarse en hechizos y encantos para mejorar la concentración mientras se estudia o se realiza cualquier forma de trabajo mentalmente exigente que requiera concentración, y también es excelente como talismán de la buena suerte para llevarlo consigo mientras se hace un examen. Invertida puede utilizarse como ayuda para cambiar la concentración si te has obsesionado o has analizado demasiado algo y deseas seguir adelante.

Caballero de Oros

Caballero de Oros

Descripción: Una persona práctica que no duda en perseguir sus deseos; con un aura oscura y misteriosa; con un profundo aprecio por la naturaleza y la magia; protectora y estable que hace que los demás se sientan seguros; espíritu protector de la naturaleza; dar pasos sólidos y prácticos hacia la consecución de un objetivo; perseguir un objetivo sin tener en cuenta lo que se sacrifica en su búsqueda; seguridad en los propósitos; pisar terreno nuevo; una oportunidad de negocio; considerar cómo el consultante podría beneficiar a otros a través de su propio éxito le ayudará a conseguir sus objetivos; confianza; progreso; un buscador de fortuna; terreno fértil en el que sembrar las semillas de nuevos proyectos.

Invertida: Aquél a quien la carta representa tiene problemas o está en desacuerdo con el consultante; habrá que rehacer un trabajo tramposo; falta de un buen plan; descuido; movimiento imprudente hacia un deseo; falta de acción o de pasos sólidos hacia la obtención de lo que se desea; el jardín no crecerá a menos que se labre el campo y se planten las semillas; incertidumbre; abandono de un trabajo; movimiento demasiado rápido; la imprudencia culmina en caos; necesidad de cuidar; guardar completamente lo que se ha sembrado.

Usos mágicos: Ventajoso en las meditaciones para ayudarte a pensar de forma clara y práctica siempre que estés luchando por formular el mejor plan de acción. Además, se puede utilizar en la protección del medio ambiente y la magia de curación, y es excelente para enviar un espíritu de protección para ayudar a proteger y defender a quien sea, lo que sea, o cuando se necesita.

Reina de Oros

Reina de Oros

Descripción: Conocimiento de lo sagrado en el mundo físico; cuidado y protección; pensamiento profundo; espíritu oscuro y solemne; alguien que valora mucho la seguridad y estabilidad; sabiduría; una profunda conexión con la tierra; ayuda de las fuerzas mágicas; un individuo con un espíritu terrenal que siente un fuerte amor por la naturaleza; una bruja o el arte de la bruja; alguien que es sabio y reservado; alimentar la propia conexión con la naturaleza; mantener las cosas unidas; aferrarse fuertemente a algo, ya sea una idea, un deseo, un plan, una persona o un recuerdo; un espíritu protector y altamente defensivo; un alma profundamente cariñosa que lleva el desamor hasta el fondo; concienciación.

Invertida: Inseguridad; sentirse amenazado por una pérdida potencial u otro peligro; una pérdida de seguridad y estabilidad; una falta de cuidados; dejar ir algo precioso y querido; una conexión perdida o desvanecida con la naturaleza y la magia; demasiado tiempo dedicado a meditar en la tristeza; sospecha; tristeza profundamente arraigada; una herida emocional necesita ser sanada por medio del amor propio y un mejor cuidado de sí mismo; una persona a la que la carta representa está en problemas o está causando conflicto en la vida del consultante; ansiedad y preocupación.

Usos mágicos: Útil en hechizos y rituales destinados a ayudarte a fortalecer tu conexión con la naturaleza y a reforzar tu poder mágico, o a aumentar tu amor propio y fomentar un mejor cuidado de ti mismo. Es útil en amuletos que te ayuden a encontrar a otras brujas, y también es un buen complemento para la magia protectora y la magia de curación de la naturaleza.

Rey de Oros

Rey de Oros

Descripción: Opulencia; riqueza; fuerza y generosidad de la naturaleza; crecimiento; prosperidad; regla establecida; practicidad; protección y seguridad; éxito en los negocios y en el hogar; rentabilidad; buen sentido para los negocios; la fastuosidad y la exuberancia de la Naturaleza; la veracidad; aquél cuyos instintos animales y lujuria por la vida son profundos; una persona poderosa que puede actuar como protector de la Naturaleza o de los seres queridos; una persona mayor con una aura oscura y misteriosa, un individuo exitoso y respetado; un proveedor o la idea de ser provisto; el padre proveedor; la terquedad; una persona que ofrece protección o ayuda financiera; la seguridad; la estabilidad; una buena cosecha; la buena salud; el éxito establecido en el que se puede confiar para proporcionar un medio de apoyo.

Invertida: Un individuo indecente o corrupto, plagado de avaricia y encandilado con las preocupaciones materiales; sentimientos de vergüenza, duda o preocupación asociados con la sensación de no estar ganando suficiente dinero o de que las expectativas de éxito no se están cumpliendo; fracaso en un asunto de negocios; nuestra capacidad para proveer o actuar responsablemente está en duda; deshonestidad; una necesidad de ser más responsable en el cuidado del hogar y la familia; alguien a quien la carta representa se opone al consultante o necesita ayuda; rechazar una oferta de ayuda material; finanzas inciertas; errores de cálculo.

Usos mágicos: Favorable en trabajos de hechizos destinados a promover el crecimiento, las buenas cosechas, la riqueza, la fertilidad, el empleo, la madurez o la abundancia. Puede utilizarse para representar a Dionisio, dios griego del vino y del instinto animal, y también puede asociarse con el espíritu de la cosecha, una personificación de la generosidad de la naturaleza. En magia representa a una persona que puede ayudarte, un recurso necesario o deseable como la comida o el dinero. También es bueno para utilizarse en hechizos de protección, especialmente cuando la magia se centra en la seguridad de los animales, los cultivos o la familia.

As de Bastos

As de Bastos

Descripción: Los poderes primordiales del aire; la virilidad física o sexual; las cosas se mueven y las mareas trasforman; los cambios importantes; la elección de hacer en lugar de no hacer; la toma de decisiones rápidas. acción; rapidez; transformación; el poder de crear un cambio está en tus manos; la situación actualmente está en proceso de transición; capacidad de recambio; flexibilidad; las artes mágicas; empezar de nuevo; el hechizo tiene éxito; una idea que exige atención; el pensamiento superior conduce a una nueva visión.

Invertida: estancamiento; impotencia física o sexual; fracaso en la realización de un remplazo necesario; un retraso; un fracaso en la realización de una acción; una acción o un cambio que no ha beneficiado al consultante; una necesidad de hacer más; una resistencia al relevo; una magia fallida; una acción que se detiene o una idea que se obstaculiza.

Usos mágicos: Utilízalo para invocar la renovación, fomentar la transformación o aportar un impulso extra de rapidez a cualquier hechizo. También se puede utilizar en el trabajo de hechizos y rituales para representar el elemento Aire, la magia en sí misma, o tus pensamientos e ideas más elevados. Invertida se utiliza para detener o retrasar una acción que está en curso o para obstaculizar los cambios que ya están en marcha.

Dos de Bastos

Dos de Bastos

Descripción: Insatisfacción; éxito exterior pero infelicidad interior; no estar de acuerdo de las circunstancias o del destino actual; un vacío espiritual; la mente está en otra parte; insatisfacción; división del pensamiento; una mente dividida; parecer tenerlo todo pero sentirse descontento; un pequeño éxito que nos hace sentirnos vacíos y desilusionados; tener el poder de hacer cambios pero elegir en su lugar cavilar sobre lo que falta; el dominio de una situación; una empresa o un viaje de negocios exitoso; el establecimiento de metas; la planificación cuidadosa; la planificación de nuevas empresas; mantener el rumbo aunque se sepa que la cabeza o el corazón están en otra parte.

Invertida: Insatisfacción persistente y arraigada; resignación; poner las propias necesidades y deseos como última prioridad para mantener una apariencia de éxito o perpetuar una benevolencia fingida; un esfuerzo fallido; una casa dividida no puede mantenerse en pie; una falta de realización personal ya no puede ser ignorada; una contradicción en las acciones y pensamientos de una persona saca lo mejor de ella; un ingrediente clave necesario para la felicidad, el éxito o el crecimiento espiritual se obtendrá honrando las verdaderas motivaciones de uno.

Usos mágicos: Útil en la magia orientada a la fijación de objetivos o a encontrar tu verdadero propósito y pasión en la vida. Utilízalo en rituales y meditaciones para representarte a ti mismo cuando te sientas insatisfecho y sepas que necesitas algo más pero no estés seguro de qué es ese algo. Invertida utilízala para hacer fracasar proyectos desagradables o para hacer que se abandonen ideas y planes indeseables.

Tres de Bastos

Tres de Bastos

Descripción: Desear el éxito de un determinado proyecto o empresa; suponer que algo llegue; el regreso de un viajero; la oportunidad está en el horizonte; la fe en que uno va a obtener sus deseos; lanzar nuevos proyectos y esperar lo mejor; dejar la propia huella en el mundo; esperar a ver el resultado de los propios esfuerzos; mantener el corazón y la mente en una esperanza o posibilidad lejana; anhelar; el propio barco llega tras un ligero retraso.

Invertida: Un éxito largamente esperado llega de repente; una esperanza lejana se realiza o se acerca rápidamente; un proyecto fracasa y se necesita un nuevo plan; soñar demasiado impide disfrutar de los acontecimientos actuales; necesidad de vivir más el momento; el regreso de un viajero se retrasa.

Usos mágicos: Útil en la magia reservada a traer el éxito a un proyecto o empresa recientemente lanzada. También es bueno para los hechizos que tienden a provocar el regreso de algo o alguien que se encuentra en la distancia.

Cuatro de Bastos

Cuatro de Bastos

Descripción: Un casamiento o el deseo de casarse; una relación feliz; buenos momentos; un acto social grande o importante; una fiesta, una boda u otra ocasión especial que implica un nivel de formalidad o extravagancia; anticipación de un acontecimiento especial próximo; planificación y preparativos de una fiesta; grandes expectativas; una ceremonia o celebración; un momento de alegría y bendiciones; una muestra de riqueza; el desfile de la propia felicidad.

Invertida: Un matrimonio infeliz o roto; la alegría se convierte repentinamente en tristeza; la ansiedad relacionada con un acontecimiento social; una fiesta o un evento especial fallido; expectativas no cumplidas; un acontecimiento previsto resulta ser inexpresivo; vacilación, retraso o rechazo en relación con una propuesta de matrimonio; las consecuencias de un exceso de indulgencia o extravagancia; los envoltorios desechados de los regalos pasados.

Usos mágicos: Utilízalo en hechizos para representar un matrimonio exitoso, o para atraer la buena suerte en una fiesta u otro evento social significativo u ocasión especial. También se puede utilizar para lograr una tregua o para representar una nueva alianza, y es excelente en hechizos para ayudar a superar la ansiedad social. Invertida se utiliza para representar la ansiedad social o los hábitos extravagantes que se espera superar.

Cinco de Bastos

Cinco de Bastos

Descripción: Los celos; la competencia; un triunfo luego de las luchas; los desacuerdos y los conflictos entre los amigos; el apetito de ganar la igualdad con los compañeros; las pequeñas discusiones; las luchas cotidianas; bromas; jerarquías y políticas de oficina; esfuerzo por el éxito simplemente para mostrar a los demás; se está jugando un juego; los amigos no apoyan el éxito y el bienestar del consultante; una aventura amorosa entre amigos; competencia romántica; rivalidad; intereses mezclados; un conflicto de propósitos; ideas en competencia; negativa a abandonar una lucha.

Invertida: Resolución de las discusiones insignificantes; abandono de una lucha; pérdida de una pelea; el consultante se cansa de esforzarse por superar a los competidores y teme la derrota; distanciamiento entre un grupo de amigos; un rival sale vencedor; una competencia llega a su fin; inseguridad en cuanto a la capacidad de obtener autoridad o aclamación; deseo obsesivo de superar a los compañeros.

Usos mágicos: Úsalo en hechizos para representar la lucha, la competencia o las discusiones insignificantes. Cúbrelo con la Templanza para traer la paz o con el Emperador para salir victorioso.

Seis de Bastos

Seis de Bastos

Descripción: Se obtiene un triunfo; se concede un honor; un ascenso; un aumento de estatus; respeto; éxito; dignidad; pregonar los propios logros; influencia; autoridad; liderazgo; ser respetado, apreciado y admirado; tener un estatus social o una posición de autoridad que le sitúe a uno por encima de las críticas; esfuerzo por forjarse una buena reputación; la confianza de un ganador; se obtienen recompensas; una exhibición de respeto simbólica o demasiado grande; el emperador desfila con su traje de cumpleaños y a nadie parece importarle.

Invertida: Alguien que es premiado por la sociedad pero que no se merece respeto; una derrota; una victoria vacía; un fraude; un líder corrupto; una recompensa no servida; no obtener el crédito donde se merece; una distribución injusta de elogios y otras recompensas; obtener lo que se quería, pero no experimentar el placer esperado; una vergüenza; una reputación dañada; una falta de gratitud o una falta de aprecio.

Usos mágicos: Utilízalo en magia para atraer el éxito, los honores y las promociones, o para aumentar tu autoestima y confianza. Invertida utilízala para desenmascarar un fraude o para representar a una figura de autoridad corrupta o un sistema de recompensa injusto.

SIETE DE BASTOS

Siete de Bastos

Descripción: Superar la adversidad; la valentía; el valor; las negociaciones; la lucha; la certeza; el éxito a pesar de la competencia u otros obstáculos; sentirse en la cima del mundo; el rendimiento máximo; la negatividad o combatividad en los que le rodean; hay que enfrentarse a los retos y vencer los contratiempos si se quiere tener éxito; la determinación y la perseverancia le llevan a uno a través de un momento difícil; una posición de poder; dominación; tener la sartén por el mango.

Invertida: Obstáculos y dificultades; falta de acción; fracaso en hacerse valer; pérdida de una batalla; ineficacia; falta de valor para superar la adversidad; se necesita mayor valentía; negociaciones fallidas o infravaloradas; la lucha ha debilitado al consultante; sentirse abatido y en desacuerdo con el mundo; rendición; ser superado en número o ser el desvalido; un sentimiento de impotencia; ser superado por la mayoría; sucumbir a la multitud; rendirse; un fracaso o una derrota; el valor y la capacidad para superar los desafíos actuales se encontrarán si se adopta una nueva perspectiva y se aborda el asunto desde un ángulo diferente.

Usos mágicos: Útil para la magia destinada a superar los obstáculos y desafíos que se interponen en el camino del éxito, o para la magia que le ayude a ponerse en la cima de su juego. También es bueno para potenciar el coraje, aumentar la valentía y fomentar la confianza cuando se enfrenta a la adversidad. Si se invierte, puede utilizarse para alterar la estructura de poder actual y provocar un cambio de jerarquía; la caída de un rey.

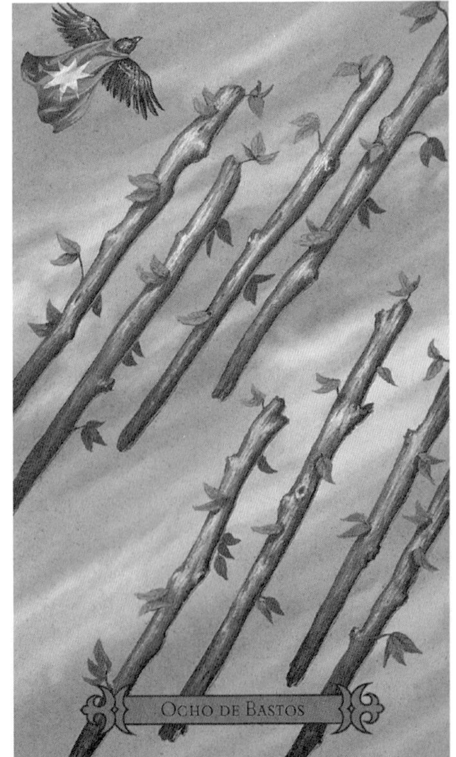
Ocho de Bastos

Ocho de Bastos

Descripción: Avance rápido hacia un objetivo; movimiento; acción resuelta; dirigirse en la dirección correcta hacia la consecución de un objetivo; un enfoque directo y audaz conduce a un éxito inmediato; las punzadas de amor cuando uno se siente como si fuera arrastrado repentinamente; una muestra abierta de afecto; una relación se mueve rápidamente; algo buscado a través de la magia llegará pronto; una noticia importante; comunicación; pensamiento rápido; viaje por aire.

Invertida: El progreso se retrasa; la acción se detiene o fracasa; intención o acción equivocada; se trabaja hacia un objetivo indigno; se requiere un nuevo enfoque; se va en la dirección equivocada hacia la consecución de los objetivos; pensar en un problema bajo una nueva luz dará lugar a una solución; mala comunicación; los celos causan muchas disputas; un rival esperado se retrasa; un vuelo retrasado o cancelado; el hechizo ha fracasado y debe ser refundido desde un ángulo diferente.

Usos mágicos: Utilízalo para acelerar los hechizos y para que la magia despeje un camino rápido y sin obstáculos hacia el éxito. También puede ser útil en los hechizos para manifestar más oportunidades de viaje, para fomentar la comunicación clara y directa, o cuando una situación particular necesita un pequeño empujón mágico para que las cosas se muevan en la dirección correcta. Invertida se utiliza para detener, retrasar o dificultar los planes y acciones que ya están en marcha o lo estarán pronto.

Nueve de Bastos

Nueve de Bastos

Descripción: Aburrimiento; resignación; estar en guardia; poco interés en las propias tareas; vacilación en dejar un puesto designado a pesar de su monotonía; alerta; vigilancia; actitud defensiva; peligro; magia defensiva; una situación amenazante que pone a uno en guardia; la inseguridad; alguien que protege sus emociones o que espera lo peor debido a experiencias pasadas de haber sido herido o traicionado; la sospecha.

Invertida: Se necesita vigilancia y una guardia más estrecha; las defensas de uno han sido penetradas; un ataque mágico; se supera el aburrimiento; se dejan atrás las inseguridades; los viejos sentimientos de defensividad o sospecha pueden transformarse; se omite una responsabilidad; un enemigo se acerca; un escudo se rompe; un muro se desmorona y una máscara se rompe.

Usos mágicos: Se utiliza en la magia defensiva para ayudar a protegerse de un peligro inminente o para evitar que se produzca una situación amenazante. También puede utilizarse para representar inseguridades u otros muros emocionales. Invierte y ponla boca abajo para hacer que estos muros se derrumben. Invertida puede servir para representar un ataque mágico. Ponerla boca abajo pondrá fin a la magia.

Diez de Bastos

Diez de Bastos

Descripción: Movimiento sin un rumbo claro; un momento de recoger y marcharse; un acopio de energía; retirar la energía, el talento y los recursos de una situación concreta; movimiento apresurado y difícil; progreso impedido, pero progreso al fin; las cargas admitidas oscurecen la visión; ser expulsado, despedido o desterrado de alguna manera; llevar una carga mayor de la que se puede manejar; soportar una carga; seguir adelante a pesar de las dificultades; necesidad de disminuir el estrés; estar demasiado exigido o asumir demasiadas cosas; agotamiento; trabajo físico; sensación de estar sobrecargado de trabajo; estar demasiado centrado en el propio trabajo u otras tensiones ha hecho que la persona preste menos atención a los que le rodean; avanzar a pesar de no saber todavía hacia dónde va.

Invertida: No dejar de lado algo que te ha estado pesando, sesgando tu perspectiva, o bloqueando tu propio camino; aligerar nuestra carga; una carga se levanta; una ruptura causada por el puro agotamiento obliga a uno a disminuir el estrés y dar un paso hacia atrás; una necesidad de utilizar todas las herramientas y talentos disponibles en beneficio propio en la búsqueda de una nueva dirección; una necesidad de mirar más de cerca hacia dónde se dirige uno; una falta de preparación y planificación que puede o no ser evitable; un intento fallido y mal planificado de un nuevo comienzo; un objeto que se pierde o se deja atrás.

Usos mágicos: Utilízalo en el trabajo de hechizos para representar cargas y tensiones. Inviértelo para ayudar a aligerar tu carga. Invertida se puede utilizar para ayudar a aportar claridad cuando sientes que no puedes ver el bosque por los árboles.

SOTA DE BASTOS

Sota de Bastos

Descripción: Un mensaje; una noticia inesperada; una nueva información que sale a la luz; una comunicación reveladora y una conversación sustancial; un desconocido; fidelidad y lealtad; responsabilidad; estar en una posición de servicio; una persona joven entusiasta y con ganas de asumir más responsabilidades; un chisme elogioso; un viajero; un viaje;

algo o alguien inesperado juega un papel importante.

Invertida: Malas noticias; hay que ponerse en contacto con un ser querido; dilación; un mensaje se retrasa; conversación inhibida, restrictiva, confusa o superficial; falta de comunicación; una persona a la que la carta significa tiene problemas o está en desacuerdo; un extraño desagradable y no bienvenido; ser inhóspito; irritación por no ser confiado con más responsabilidad; falta de fidelidad o lealtad.

Usos mágicos: Utiliza esta carta para hechizos y encantos destinados a traer noticias, mejorar la comunicación o mejorar el sentido del deber y la responsabilidad. También puede utilizarse para representar a un extraño o a un viajero.

Caballero de Bastos

Caballero de Bastos

Descripción: Seguridad de propósitos; competencia; disposición; un hijo que es enérgico, sociable y seguro de sí mismo; alguien que piensa demasiado en sí mismo; quien valora sus propias ideas y distrae las ideas de los demás; ser demasiado ostentoso o demasiado agresivo al tratar de transmitir su punto de vista; embarcarse con valentía en un camino para alcanzar un objetivo; progreso caótico o errático, pero progreso al fin y al cabo; se forja un camino; ideas no convencionales; un enfoque audaz e inusual; inteligencia; un intelectual; alguien a quien le gusta filosofar y quizás analizar en exceso; alguien a quien le gusta marcar su propio rumbo y hacer las cosas a su manera; energía incontrolable y errática; un viaje.

Invertida: Incertidumbre sobre la dirección que debe tomarse para alcanzar un objetivo; vacilación; incompetencia; un viaje infortunado; alguien a quien la carta representa está en desacuerdo con el consultante o necesita ayuda; no se hace oír la propia voz; se requiere un plan más decisivo o convencional; necesidad de definir con claridad los propios objetivos y la definición del éxito; un esfuerzo desacertado que debe abandonarse.

Usos mágicos: Utilízalo en el trabajo de hechizos para forjar nuevos caminos y ayudar a ganar la aceptación de planes e ideas no convencionales. Invertida se utiliza para manifestar un control de la realidad cuando un individuo demasiado pomposo o egoísta necesita que se le baje los humos para que no siga causando más daño a los que le rodean.

REINA DE BASTOS

Reina de Bastos

Descripción: Una persona amable y tranquila, algo discreta pero sociable; un individuo que tiene un profundo amor por los animales y un genuino aprecio por el mundo natural; compasión; amabilidad; alguien que es un proveedor de paz; una situación que involucra a un animal; objetividad; ser capaz de dejar ir las cosas que ya no le sirven al consultante; liberarse de los apegos; un individuo que ha construido el éxito por su propia cuenta; liderazgo; confianza; capacidad; independencia; estar seguro de sí mismo; sentirse cómodo en su propia piel; estar seguro de sí mismo y ser consciente de sí mismo.

Invertida: Una persona a la que la carta representa tiene problemas o está en desacuerdo con el consultante; un amante que está siendo infiel; deshonra; deslealtad; enfermedad o pérdida de un animal; se necesita calma; una falta de cuidado y compasión; se necesita una mayor confianza en las propias habilidades; una necesidad de ser más objetivo; una necesidad de dejar ir lo que ya no sirve al consultante; el sentido de uno mismo se ha perdido y debe ser remodelado y reconstruido.

Usos mágicos: Utilizar en hechizos para ayudar a obtener el éxito, la independencia, la autosuficiencia, la objetividad y la libertad de pensamiento. Invertida representa la deshonestidad, la deslealtad o la infidelidad.

REY DE BASTOS

Rey de Bastos

Descripción: Un individuo maduro que es compasivo, reservado y fiel; seguro de sí mismo y consciente de sus capacidades para alcanzar el éxito; una persona poco convencional y muy inteligente que ha elegido hacer las cosas a su manera y que ha logrado el éxito como resultado; alguien que se toma las responsabilidades en serio; una persona establecida cuyas ideas son respetadas; la sabiduría que viene de la experiencia; una persona fielmente casada; un padre reflexivo aunque algo difícil; honestidad; estabilidad; autoridad compasiva; la responsabilidad y la confianza en uno mismo conducen al éxito; un líder establecido; equidad; un liderazgo bueno y justo.

Invertida: Una muestra de autoridad corrupta o injusta; tener que someterse a las ideas equivocadas de otro; una persona a la que la carta representa tiene problemas o está en conflicto con el consultante; se cuestiona el liderazgo de uno; no se tiene en cuenta la experiencia de uno; no estar a la altura de sus responsabilidades; necesidad de adoptar un papel más activo; deshonestidad; necesidad de ser más amable y compasivo; desacuerdo con una idea muy promocionada; descontento por una figura de autoridad generalmente exaltada; un líder ineficaz.

Usos mágicos: Se utiliza en los hechizos para mejorar la confianza, establecer la autoridad, o para ganar respeto por las ideas y nuestra experiencia. También se puede utilizar para representar la idea de éxito establecido que se ha construido con el tiempo. Invertida se utiliza para derrocar a un líder ineficaz o corrupto.

As de Espadas

As de Espadas

Descripción: El elemento de Fuego; defensa; destrucción; un aviso de peligro o desastre; una muestra de fuerza; vivir una vida de la mano de un intenso dolor físico o emocional; dolor que se ha convertido en odio; dominación; oposición; discusiones; lucha; un enemigo; una oportunidad para desterrar las energías negativas en la vida de uno; ejercer su poder y autoridad; un camino se ilumina y el individuo está listo para perseguir su destino con todo lo que tiene.

Invertida: Resolución de una disputa u otra situación negativa; liberarse del dolor y la ira; concluir un viejo rencor; encontrar el perdón; se pide una tregua; una necesidad de permanecer en guardia; un fracaso en el ejercicio del poder y la autoridad donde se necesita; una derrota.

Usos mágicos: Utilízalo para aportar poder y fuerza adicional a la magia defensiva o protectora. Invertida utilízala en hechizos y encantos para poner fin a conflictos grandes y pequeños, y en meditaciones y rituales para ayudarte a soltar el dolor, la pena o la ira reprimidos que puedan frenarte.

Dos de Espadas

Dos de Espadas

Descripción: Inconveniente interior; división; secretismo y ocultación; encubrir los verdaderos planes y motivos de uno; hay alguna información valiosa que todavía no ha salido a la luz; oposición desconocida; enfrentarse con calma a las fuerzas negativas; soportar el propio dolor con aceptación y gracia; luchar para tomar una decisión cuando se debe tomarla; se necesita más investigación y reflexión cuidadosa para hacer la mejor elección; esperar un periodo de negatividad o conflicto sin tomar medidas drásticas uno mismo; negarse a tomar partido en un desacuerdo; perspicacia psíquica; recibir información de los reinos astral o espiritual; sopesar las opciones; las opciones poco atractivas dejan al consultante inmovilizado; incapacidad fingida para actuar; pena contenida; autocontrol; autoengaño y negativa del consultante a ver lo que tiene delante; puede haber opciones que el consultante aún no ha considerado; prepararse para la batalla y esperar lo peor.

Invertida: Sale a la luz una nueva información; una revelación lleva a una nueva acción; se toma una decisión; la ansiedad desaparecerá una vez que se haya elegido un camino definitivo; el estrés y la preocupación provienen de un entorno negativo o de un periodo prolongado de inacción; ha llegado el momento de actuar; se revela lo que estaba oculto; se abandona una batalla; se expone a un enemigo.

Usos mágicos: Útil en las meditaciones para ayudarte a despejar la cabeza antes de tomar una decisión, excelente para potenciar las habilidades psíquicas y una ayuda válida para la comunicación con los espíritus. También es una adición útil cuando estás trabajando en la magia o tomando acciones que prefieres mantener ocultas.

Tres de Espadas

Tres de Espadas

Descripción: Dolor; pena; el dolor de un corazón roto; una ruptura; un partido insatisfactorio que únicamente traerá problemas; peleas entre amantes; una condición física del corazón; un accidente, desastre o tragedia; las acciones del consultante causan tristeza a los demás; una mente perturbada; un colapso emocional; un amor que no es correspondido; viejas heridas son desgarradas; el dolor presente o el recuerdo de haber sido traicionado o abandonado; una profunda depresión que requiere atención.

Invertida: Un corazón roto comienza a repararse; tristeza y dolor, pero con esperanza y fe en que la situación mejorará; una ruptura que es para bien; una experiencia trágica o traumática requiere más proceso y curación antes de poder seguir adelante; una tristeza inesperada ha vencido al consultante; apagar las emociones; una elección de celibato sobre el potencial dolor de corazón que podría traer una relación íntima.

Usos mágicos: Útil en rituales y meditaciones destinadas a ayudar a procesar el dolor u otras formas de trauma emocional, y también es buena para curar las heridas dejadas por una ruptura.

Permítete experimentar tu dolor mientras miras la carta, y luego vuélvela a ver cuando estés listo para comenzar el proceso de seguir adelante.

CUATRO DE ESPADAS

Cuatro de Espadas

Descripción: Extinción de una persona, idea o proyecto; soledad; introspección; descanso; una enfermedad; un tiempo de quietud antes de que comience una nueva fase de la vida; un tiempo de morosidad espiritual; la noche oscura del alma; un periodo de inacción; cierre; repliegue sobre uno mismo; relegamiento; resignación; sentirse muerto por dentro y sin emoción; evitar la vida; necesidad de salir y volver a hacer; exceso de sueño; el conocimiento, el poder y la inspiración se reciben a través de los sueños; sueño lúcido.

Invertida: Un periodo de descanso o de inacción se acerca a su fin; la reincorporación a la vida después de un tiempo de retraimiento; un despertar espiritual; la recuperación; el regreso desde el borde de la muerte espiritual, física o emocional; dormir demasiado como resultado de una depresión persistente o de una ansiedad que debe ser tratada; una falta de cierre; el consultante ha pasado demasiado tiempo en retraimiento y es hora de enfrentarse al mundo de nuevo.

Usos mágicos: Rentable en la magia para ayudar a los sueños lúcidos o proféticos, o en las meditaciones para traer la soledad y la introspección. Invertida y cubierta con una carta de curación como el As de Copas o la Templanza, se utiliza para ayudar a la curación.

Cinco de Espadas

Cinco de Espadas

Descripción: Continuar provocando conflictos cuando los demás han abandonado la lucha; torpeza; complejo de inferioridad; una víctima vacía; rechazo; sentimiento de abatimiento; sospechas infundadas; paranoia; comportamiento excesivamente protector; la inseguridad le lleva a uno a sentir que todo el mundo está en su contra cuando en realidad nadie le está prestando atención; albergar el dolor, la ira y la negatividad después de que haya pasado una mala situación; lucha por encajar; sentirse aislado e inaceptable; autolesiones; una lucha que debería abandonarse; exhibir las heridas de la batalla mucho después de que la lucha haya terminado; vergüenza.

Invertida: La vulnerabilidad; la deserción; la derrota; los chismes; los enemigos que se hacen pasar por amigos; el abandono de una lucha; el desprendimiento de viejos hábitos y la disipación de la negatividad; el abandono de los dolores del pasado; la autoaceptación se gana superando las limitaciones y las expectativas exteriores para seguir el propio corazón; la evitación de los conflictos con la esperanza de encajar.

Usos mágicos: Útil en rituales y hechizos diseñados para ayudar a superar las inseguridades o dejar de lado las dudas o la culpa. Mira la carta mientras piensas en los sentimientos de los que quieres deshacerte, luego, invierte la carta mientras te visualizas rompiendo los viejos patrones de pensamiento negativo para verte exactamente tal cual quieres ser.

Seis de Espadas

Seis de Espadas

Descripción: Atravesar por una prueba difícil; llevar una carga; seguir adelante pero retener la pena y el dolor; progreso continuo y penoso; estar retenido o agobiado por las circunstancias o por otras personas; el inconveniente de ayudar a un amigo; el esfuerzo de un peso mayor que el propio; una prueba espiritual necesaria; un viaje con dificultades y retrasos; el progreso a pesar del peligro; el aferramiento a los dolores del pasado; la necesidad de ayuda; la confianza en el poder de los demás; el sacrificio para ganar algo muy querido; un cruce; un viaje espiritual; los problemas emocionales no resueltos están agobiando al consultante y los traumas del pasado deben ser confesados para poder avanzar.

Invertida: liberarse de una carga; se eliminan los obstáculos y el progreso se acelera; dejar ir el dolor y la pena ha hecho posible el éxito; algo se pierde en un viaje; las cosas finalmente comienzan a rodar después de un periodo de lentitud o retraso; una búsqueda espiritual u otro viaje emocional o físico no funciona o no vale la pena; el sacrificio es insuficiente; una búsqueda mágica ha sido rechazada; dirigirse hacia una meta que el consultante no quiere realmente; se puede obtener un progreso más rápido si se deja caer el peso muerto.

Usos mágicos: Ventajoso en hechizos y rituales destinados a aumentar el valor y la suerte en la búsqueda de nuevos horizontes cuando se está en medio de desafíos o dificultades inevitables. También es bueno para las recuperaciones de almas y otras formas de magia para recuperar algo precioso que se ha perdido, y es muy apropiado para los rituales destinados a celebrar una victoria sobre un obstáculo tremendo o una fuente de dolor. Invertida se utiliza para la magia diseñada para liberar dolores pasados, aliviar cargas actuales, aliviar la ansiedad, romper pactos, eliminar maleficios o acelerar las cosas.

SIETE DE ESPADAS

Siete de Espadas

Descripción: Salir de una situación de manera apresurada; algo se ha perdido u olvidado; un robo; un movimiento rápido; decidir actuar a pesar de la falta de planificación y preparación; pensamientos dispersos; energías dispares; una acumulación de poder; un comportamiento furtivo; salirse con la suya; tener que entrar en acción antes de estar preparado para hacerlo; una salida rápida; una huida; vivir una vida a la carrera; intentar huir de los problemas que inevitablemente le persiguen a uno; un sacrificio a cambio del curso de acción actual; un descuido que puede llevar a cometer un error; mirar hacia atrás en una situación que se ha abandonado o dejado atrás; una dispersión de energías; luchar para recoger los pedazos tras un cambio abrupto del destino; un alma fragmentada que requiere ser reparada.

Invertida: La preparación y la planificación son exageradas y provocan un retraso innecesario; se atrapa a una persona que huye; se encuentra un objeto perdido; se frustra un robo o se evita de otro modo; se exponen los motivos y las acciones furtivas; se atrapa en el acto; se ha recordado algo olvidado; se ha recuperado algo dejado atrás; se reúnen las fuerzas disipadas; se recogen los pedazos; se decide contra un curso de acción precipitado.

Usos mágicos: Útil en los hechizos y encantos para provocar la devolución de objetos perdidos o robados, o en la magia para hacer que se descubran las acciones turbias. Invertida se utiliza para impedir que se lleve a cabo un trato, o para poner fin a las acciones precipitadas y a los planes equivocados.

Ocho de Espadas

Ocho de Espadas

Descripción: Estar restringido física o emocionalmente; sentirse impotente; control, crueldad y dominación; el dolor de una relación abusiva; la comodidad de la sumisión; la inhibición; estar encerrado en una jaula hecha por uno mismo u otra prisión ilusoria; un espíritu restringido y oprimido; dependencia; adicciones; un prisionero;

ser incapaz de actuar en las circunstancias actuales; un arresto; energía restringida; emplear la magia para atar o restringir; aprender a controlar el propio poder; el sufrimiento y las dificultades atan el espíritu; la posesividad; la esclavitud; la restricción; una abducción; los lazos que atan empiezan a rozarle a uno; hay una salida de la situación actual si uno abre los ojos y busca nuevas soluciones.

Invertida: Se obtiene la libertad; se espera la independencia; se rompen las ataduras desagradables; es posible la acción positiva; se desafían las limitaciones y las restricciones; se rompen las reglas; se forjan las inhibiciones; una adicción se afloja cuando se enfrenta de frente y con apoyo; se enfrenta a alguien que ha sido dominante, controlador o cruel; se obtiene la libertad espiritual mediante la separación mental de la propia pena; se libera a un prisionero.

Usos mágicos: Útil para los hechizos de unión y otra magia que tiende a restringir o contener una fuerza nefasta o amenazante. Invertida se utiliza en hechizos para ayudar a romper las adicciones o para traer la liberación a los abusados u oprimidos.

Nueve de Espadas

Nueve de Espadas

Descripción: La aflicción y el dolor; las secuelas de una pelea; la tristeza persistente; el sufrimiento emocional duradero; la convivencia con el malestar físico; el duelo; el archivo de una discusión; el proceso de curación; el dolor provocado por experiencias del pasado que siguen atormentando al consultante; un corazón roto que se resiste a los intentos de reparación; estar atrapado en un ciclo de sufrimiento perpetuo; depresión; debilidad y agotamiento; decepción severa; cargar con viejas heridas emocionales inhibe el potencial de uno en el presente; un tiempo de tristeza e inacción está pasando; ha llegado el momento de encontrar la curación emocional necesaria para permitir que avancemos y disfrutemos de la vida.

Invertida: Hay que poner fin a una discusión u otro conflicto; se pasa un tiempo de conflicto o tristeza; se toman medidas para reencontrarse con la vida; se retoma una vieja pelea; las heridas del pasado y los recuerdos no procesados siguen debilitando a la persona en el momento presente; alejarse de la depresión o el duelo es integral para la salud y el bienestar; un estado de ánimo oscuro comienza a levantarse.

Usos mágicos: Rentable en la magia designada a atar o restringir, o a inspirar remordimientos. Invertida utilízala para ayudar a liberarte de patrones negativos y poner en marcha el proceso de curación y avance. Contempla tu lucha mientras miras la carta en posición vertical, imagina toda la diversión que te estás perdiendo y luego imagínate disfrutando de la vida al máximo cuando le das la vuelta a la carta en posición invertida.

Diez de Espadas

Diez de Espadas

Descripción: Un accidente; una tragedia; el mal karma se pone al día; el desastre; el deseo de venganza; la traición; el comportamiento de apuñalamiento por detrás; el derrocamiento de un rey; las lesiones físicas; las emociones intensas; dolor que le ha dejado a uno sintiéndose completamente roto y derrotado; pena extrema; que los amigos y aliados de uno se vuelvan en su contra; una seria advertencia de que se necesita gran precaución y vigilancia; cavar la propia tumba; se requiere un cambio positivo importante para evitar el desastre; dolor y sufrimiento intensos; maldición y otras formas de ataque mágico; estar atrapado por sentimientos de dolor que los seres queridos del pasado o del presente le han infligido a uno; ser seleccionado y recogido para un nuevo contrato u otra oportunidad, pero este simbolismo se indica exclusivamente en raras ocasiones y cuando las cartas circundantes apoyan esta interpretación.

Invertida: El peligro y la catástrofe únicamente se evitarán si se ejerce la precaución y se realizan cambios inmediatamente; burlar a los enemigos para escapar de la derrota; culpa por las propias acciones desagradables; tener una aversión ética o moral; escapar por poco de la catástrofe; hay que frenar los comportamientos arriesgados y romper las alianzas desagradables; un intento de venganza traerá el desastre y debe abandonarse; un triunfo temporal en una situación que debería evitarse por completo.

Usos mágicos: Manejar en hechizos para que el karma de una persona se ponga rápidamente al día con ella, o para obtener un poder extra al poner fin a una fuerza extremadamente nefasta, destructiva, peligrosa o amenazante. En posición invertida, se utiliza para romper maldiciones y para aliviar el dolor de traiciones pasadas y otras heridas emocionales. También es útil, en la posición invertida, para encantos curativos destinados a disminuir o eliminar el dolor físico.

Sota de Espadas

Sota de Espadas

Descripción: Audacia y valentía a pesar de la inexperiencia; deseos de probarse a sí mismo; una persona joven que tiene la voluntad de conquistar los obstáculos; un individuo que es seguro de sí mismo, atrevido y quizá un poco descarado en sus acciones; una persona inmadura o deshonesta; comportamiento audaz o descarado; deshonestidad; acción imprudente;

actuar sin pensar; anticipación; irreflexión; egoísmo; comportamiento egocéntrico e interesado; excitación; afán de experiencia; dejarse llevar por el momento; carecer de la destreza o experiencia necesarias para lograr los objetivos; adoptar un enfoque atrevido y directo le ayudará a lograr mejor sus deseos; entusiasmo; confianza tal vez infundada; espontaneidad; aprovechamiento de una situación o una oportunidad; arrogancia; un riesgo; inmadurez; una aventura; irresponsabilidad.

Invertida: Miedo a no estar a la altura del reto; falta de entusiasmo; el miedo y la ansiedad impiden al consultante hacer las cosas que más desea; una mentira queda al descubierto; hay que adquirir más experiencia antes de alcanzar el éxito; arrepentimiento por acciones poco meditadas o decisiones precipitadas; una persona a la que la carta representa tiene problemas o está en desacuerdo con el consultante; dejar pasar una oportunidad por miedo a no estar preparado y listo; un intento de mayor responsabilidad; hay que frenar los comportamientos irresponsables en lugar de permitirlos; consentir que otro se aproveche; asumir una tarea para la que no se está cualificado; resistencia a asumir riesgos.

Usos mágicos: Útil en hechizos y encantos destinados a fomentar una mayor espontaneidad y aumentar la confianza, el valor y la audacia. Invertida se utiliza para desenmascarar las mentiras y hacer que salgan a la luz los comportamientos engañosos.

Caballero de Espadas

Caballero de Espadas

Descripción: Una persona con un corazón auténtico y un espíritu independiente; con valor, audacia y un fuerte sentido del bien y del mal; se hace un progreso rápido; se forja un nuevo camino; persecución enérgica; cargar hacia la obtención de un objetivo; defender lo que es correcto; ir tras lo que uno quiere sin vacilar; no dejarse entorpecer por los obstáculos; valentía y coraje; certeza; vigor; fuerza; propósito; la verdad predomina; la victoria del desvalido; el ideal romántico/la ilusión del caballero de brillante armadura; elegir el camino correcto en lugar del camino fácil; enfrentarse a un obstáculo de frente; mantenerse firme; confiar en el corazón porque ya sabe lo que hay que hacer.

Invertida: El miedo se intercala en el camino de hacer lo que uno sabe que es correcto; rendirse ante los obstáculos o la oposición; tomar el camino fácil en lugar del camino correcto; acciones deshonrosas; retroceder en una lucha; las fuerzas negativas prevalecen temporalmente; se desea un progreso rápido, pero se ve imposibilitado; el desafío y la resistencia están minando la resolución de uno; una persona a la que la carta significa es problemática o está causando problemas; un enemigo agresivo que busca el conflicto con el consultante.

Usos mágicos: Útil en el trabajo de hechizos para alentar a triunfar a la verdad y a la acción correcta de prevalecer, o en la magia para traer la victoria a los desvalidos. También puede emplearse en hechizos para representar la idea de un amante recto, audaz, valiente y audaz, o para aumentar la sensación de confianza y valentía. Invertido se utiliza para obstaculizar el progreso o para hacer que los implicados en un conflicto retrocedan o hagan una tregua.

REINA DE ESPADAS

Reina de Espadas

Descripción: Ausencia de un ser querido; la soledad; un individuo poderoso, determinado, tenaz y reservado; una persona afligida; el anhelo de lo lejano o inalcanzable; una persona fuerte y segura; liderazgo; un profundo sentimiento de anhelo que permanece insatisfecho; centrar los pensamientos en el pasado o en el futuro; alguien que lleva una gruesa máscara; mantener o utilizar su posición de autoridad; gracia; determinación; una memoria persistente; una tristeza interior y una calma exterior; una fachada impenetrable; cerrar los afectos; un individuo inteligente que es algo distante; soportar el dolor de uno en silencio; una persona que es capaz de suprimir sus deseos inmediatos para lograr objetivos mayores.

Invertida: Una persona en la que no se debe creer; regresa algo o alguien que se ha extrañado mucho; se rompe una fachada de calma; una máscara se resquebraja; un liderazgo egoísta; la determinación y la firmeza empiezan a flaquear; se satisface un anhelo; un deseo o un recuerdo largamente guardado queda en el pasado; una persona a la que la carta representa tiene problemas o está en desacuerdo con el consultante.

Usos mágicos: Usar en hechizos para ayudar a reforzar la resolución, la determinación y la autoridad, o en rituales y otros trabajos mágicos destinados a reconectar con el pasado. Invertida ayuda a revelar la verdad o para recuperar lo que se ha perdido o dejado atrás.

Rey de Espadas

Rey de Espadas

Descripción: Persona vigorosa y con autoridad; individuo seguro de sí mismo y que se sirve a sí; un jefe; un individuo dominante o controlador; que preside con puño de hierro; disciplina; alguien que sirve en el servicio militar o quienes trabajan en el cumplimiento de la ley; la fuerza; la dominación; la violencia y el abuso;

la crueldad; el conflicto y la negatividad; el padre estricto y severo; la ira; las peleas; el poder; una muestra de autoridad; tener que someterse al gobierno de otra persona; el gobierno; los problemas con la ley; un enemigo poderoso; una advertencia de peligro.

Invertida: Se vence a un enemigo poderoso; se rompe el control; se pierde o se amenaza la autoridad; un comportamiento abusivo trae una caída; peligro; debilidad; falta de confianza en el propio liderazgo; se derroca a un gobernante; falta de respeto a la autoridad; se escapa de la opresión; se deja atrás la ira; se frustra la violencia; un individuo negativo que debe ser desterrado de la propia vida; una sentencia judicial desfavorable; una persona a la que la carta significa es problemática o busca causar problemas.

Usos mágicos: Se utiliza en hechizos destinados a aumentar la autoridad o reforzar el poder personal. También puede utilizarse en trabajos mágicos para representar a líderes dominantes o regímenes opresivos. Invierte la carta para derrocar la estructura de poder y desbaratar la jerarquía.

Siete tiradas de tarot fáciles

Las tiradas del Tarot predominan, cada una de ellas se adapta a distintas circunstancias y propósitos. Experimenta con diferentes tiradas para ver cuáles son las que mejor funcionan para ti y para descubrir cuándo utilizar cada una. En este capítulo encontrarás varias tiradas de Tarot sencillas que puedes probar para ayudarte a empezar.

Pasado, presente y futuro

Esta tirada sencilla brinda una clara indicación de la situación actual de la persona, dónde ha estado y hacia dónde se dirige. Mezcla las cartas en un montón suelto y elije una carta para el pasado, otra para el presente y otra para el futuro. Si es necesario, se pueden sacar cartas adicionales para ayudar a clarificar las interpretaciones.

Tirada de una carta

Hay muchas maneras de obtener información, incluso de una sola carta del Tarot. Aquí hay algunas tiradas simples de una sola carta para probar. Revuelve las cartas en un montón suelto, luego piensa claramente en tu pregunta mientras sacas una sola carta:

- ¿Cuál es el tema de hoy?
- ¿Qué cualidades intentaré cultivar hoy?
- ¿Qué lección debo aprender hoy?
- ¿Se cumplirá mi deseo?
- ¿Qué está haciendo fulano de tal ahora?
- ¿Qué puedo hacer hoy para lograr mi objetivo?
- ¿Qué es lo que me falta en mi vida?
- ¿Está el objeto perdido en esta habitación?

- ¿El resultado será favorable?
- ¿Es un buen momento para actuar?
- ¿Qué necesito saber ahora mismo para ayudarme a tener el mejor día posible?
- ¿Será efectivo el hechizo mágico?
- ¿Es una persona de confianza?
- ¿Esta es la verdad?
- ¿Cómo puedo profundizar en mi espiritualidad?
- ¿Cómo puedo avanzar en mi práctica mágica?

Variación de la Cruz Celta

Esta tirada es buena para las lecturas en profundidad para darse una idea de la situación general o de las circunstancias de cada uno. Para una versión abreviada de la misma tirada, basta con detenerse en la sexta carta. Baraja las cartas, corta el mazo si lo deseas, y reparte desde la parte superior del mazo en el orden siguiente:

Carta 1: (colocada en el centro) Lo que te cubre. Esta carta representa el tema general o la esencia primaria de lo que ocurre en la mente y la vida del consultante en este momento.

Carta 2: (colocada horizontalmente frente a la Carta 1) Lo que se te opone. Esta carta revela lo que se te opone, el obstáculo o el reto que debes superar para alcanzar tus objetivos. También puede representar algo que pronto se cruzara en tu camino.

Carta 3: (colocada uno o dos centímetros por debajo de la Carta 1) Debajo de ti. La carta simboliza la raíz del patrón o situación actual, y a veces representa el pasado más lejano.

Carta 4: (colocada uno o dos centímetros a la izquierda de la Carta 1, en lo que sería la posición de las 9:00 si estuvieras mirando un reloj) Detrás de ti. La carta revela el pasado más cercano, o muestra lo que se ha dejado atrás o de lo que se está alejando.

Carta 5: (colocada uno o dos centímetros por encima de la Carta 1) Lo que te corona. La carta muestra lo que se ha desarrollado a partir de un patrón, o bien revela el mejor curso de acción o el mejor resultado, o una posible solución para la situación en cuestión.

Carta 6: (colocada uno o dos centímetros a la derecha de la Carta 1, en lo que sería la posición de las 3:00 si estuvieras mirando un reloj) Ante ti. Esta carta expone lo que te espera en un futuro cercano si continúas por el mismo camino. A veces, en esta carta se revelan advertencias de desgracias que se aproximan y profecías de bendiciones venideras.

Carta 7: (colocada a la derecha de todas las otras cartas hasta ahora, a un nivel parejo con la carta 3 o un poco por debajo) Yo. Esta carta revela el punto en que te encuentras con respecto a la situación, lo que sientes y lo que haces.

Carta 8: (colocada aproximadamente un centímetro por encima de la carta

7) Lo que le rodea. La carta muestra la influencia del entorno, o revela las circunstancias que se dan en los círculos sociales o familiares.

Carta 9: (colocada aproximadamente un centímetro por encima de la carta 8) esperanzas o temores. La carta revela nuestras esperanzas o temores.

Carta 10: (colocada aproximadamente un centímetro por encima de la carta 9) lo que será. La carta representa lo que es probable que ocurra si la corriente. Los patrones y cursos de acción continúan. Es muy parecida a la carta 6, la carta antes de ti, sólo que revela un futuro algo más lejano y refleja el impacto más profundo y amplio o la mayor importancia de lo que está por venir.

Tirada céltica

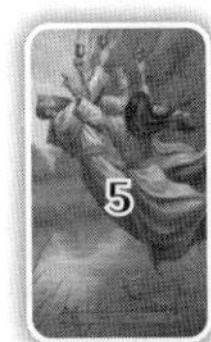

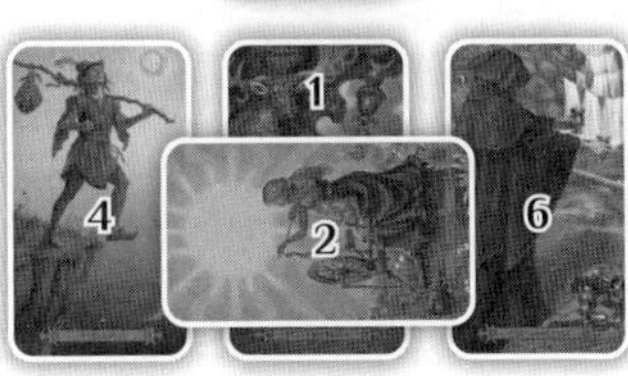

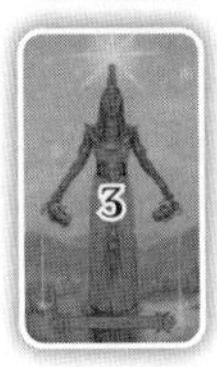

Tirada de la Comparación y el Contraste

Esta tirada de cartas es una buena opción cuando pretendes tomar una decisión o seleccionar el mejor curso de acción entre diversas opciones. Mezcla las cartas en un montón suelto y, luego, piensa en cada opción por turnos mientras sacas todas las cartas que te llamen. Asegúrate de pensar en cada una de las posibles acciones a medida que sacas las cartas; respira profundamente entre las selecciones para ayudarte a despejar la mente antes de sacar cada conjunto. Coloca las cartas que has sacado en filas o en montones separados y, por turnos, examina cada grupo, ya que se relaciona con la decisión que tienes ante ti. ¿Qué grupo tiene más cartas positivas?, ¿qué grupo parece problemático? No dudes en tomar más cartas a medida que vayas reduciendo tu lista de opciones para tomar la mejor decisión posible.

Tirada de Cuatro cartas para la resolución de problemas

Esta tirada es buena para cuando tienes un problema que resolver y deseas una mayor comprensión y soluciones concretas. No repartas las cartas desde la parte superior de la baraja como lo haces normalmente. En su lugar, mézclalas en un montón suelto y escoge las cartas una por una, pensando en lo que representa cada carta mientras la sacas y dejando que tu intuición guíe tus manos hacia cada selección.

Carta 1: Yo; esencia del conflicto.

Carta 2: Colocada a la izquierda de la Carta 1, lo que está fuera de tu control.

Carta 3: Colocada a la derecha de la Carta 1, activos a su favor.

Carta 4: Colocada encima de la Carta 1, la mejor forma de actuar que puedes tomar ahora mismo para avanzar hacia la resolución del problema.

Tirada de cuatro

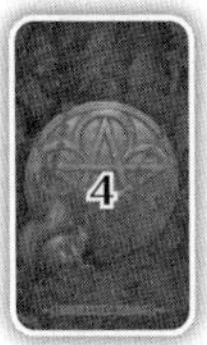

Tirada de los Amantes

Utiliza esta tirada para ayudar a determinar la compatibilidad y obtener una visión de hacia dónde podría dirigirse una relación. Comienza eligiendo una carta que represente a cada persona de la relación. Colócalas una al lado de la otra, a unos diez centímetros de distancia. Ahora, mezcla las cartas restantes en un montón suelto. Concéntrate en la conexión entre las personas cuya compatibilidad está comprobada, y piensa claramente en la pregunta ¿Qué atrae a estas almas? mientras selecciona una carta del montón. Coloca esta carta entre las dos cartas de las personas. Ahora concéntrate en la pregunta: ¿Qué separa a estas almas? y elige otra carta, esta vez colocándola debajo de las cartas de las personas. Ahora selecciona una última carta concentrándote en la pregunta: ¿Cuál es el potencial último de esta relación? Coloca esta carta encima de las cartas de las personas. ¿Qué ves aquí? ¿Los beneficios potenciales de esta relación superan los desafíos? ¿Es la conexión lo suficientemente fuerte como para superar las fuerzas que dividen y distancian? Si el panorama es negativo, puedes seleccionar más cartas y centrarte en las posibles formas de mejorar la relación. Si el panorama es positivo, puedes seleccionar algunas cartas mientras piensas en las formas en que los amantes pueden mantener su conexión fuerte y vibrante.

Cómo crear tus propias tiradas de Tarot

Todas las tiradas de Tarot fueron creadas por alguien, y tú también deberías sentirte libre de crear tus propias tiradas de Tarot. Puedes hacerlo para cualquier propósito y con cualquier diseño que puedas imaginar. Mientras tengas en mente el significado de la colocación de cada carta en la tirada, tu diseño será efectivo. Realiza una lluvia de ideas y, luego, dibuja un boceto de tu nueva tirada de Tarot para tenerla a mano cuando hagas la lectura.

Si tu baraja de Tarot está acostumbrada a una determinada tirada, puede que tengas más suerte al principio mezclando las cartas en un montón y eligiendo cada carta individualmente, en lugar de barajar y repartir de la parte superior de la baraja. Las cartas pueden quedarse atascadas en sus patrones habituales, y puede que no salgan como pretendes hasta que practiques la nueva tirada unas cuantas veces para "enseñársela" a las cartas.

Sé creativo y prueba cosas diferentes. Algunas de tus tiradas pueden ser un fracaso, pero otras serán los clásicos del mañana. El Tarot no es sólo una herramienta de adivinación o de magia; es una herramienta personal. Es tu herramienta para utilizarla de la manera que sueñes.

Próximos pasos en el camino del Tarot

A través de este libro, has adquirido muchos conocimientos acerca del Tarot, desde la interpretación de las cartas en una lectura, hasta el uso de su simbolismo en la realización de hechizos y otras prácticas mágicas. Si tienes una verdadera pasión y aptitud para el Tarot, éste no será en absoluto el final del viaje. Para el practicante de Tarot dedicado que anhela convertirse en un maestro, el aprendizaje más profundo y la práctica adicional son búsquedas interminables, para toda la vida.

Ahora que has concluido este libro de Tarot, es el momento de continuar con tus exploraciones. Practica la lectura del Tarot con la frecuencia que puedas, leyendo tanto para amigos como para desconocidos, haciéndolo en eventos públicos, en fiestas, en el exterior, en el interior, cualquiera que sea la oportunidad que surja, aprovéchala y saca el máximo partido de cada oportunidad que tengas para practicar, aprender y crecer. Lee libros de Tarot escritos por una gran variedad de autores de diferentes ámbitos, tanto del pasado como del presente. Toma una clase de Tarot o únete a una asociación en donde podrás compartir ideas y discutir los pormenores de la práctica del Tarot con otros buscadores afines.

Si estás iniciando tu viaje en el Tarot, puede ser difícil aceptar y creer en tus habilidades lo suficiente como para permitirles la oportunidad de florecer plenamente. Ten presente que el Tarot es, por encima de todo, un dispositivo para contar historias; si sabes cómo hacerlo, entonces sabes cómo leer el Tarot. Incluso, si no estás seguro de algunos significados de las cartas, si dejas que tu intuición y tu pensamiento creativo tomen la iniciativa, lo más probable es que puedas ofrecer al consultante algunas ideas valiosas y consejos sólidos.

Confía en tus instintos y comprende que tus habilidades y tu sabiduría aumentarán a medida que tu confianza y tu experiencia se amplíen. A medida que te vayas familiarizando con el Tarot, empezarás a notar niveles más y más profundos de significado y simbolismo en las cartas, percepciones y entendimientos que no caben en las palabras de una página de un libro.

El Tarot es una herramienta para desbloquear el poder inherente de tu propia mente psíquica y subconsciente. Es una llave que puede abrir muchas puertas, pero depende de ti guiar el camino por el corredor que sigue.

Lecturas recomendadas

Meister, Gary. *Secretos de la Numerología del Tarot: Lecciones 1-12. Reflexiones sobre el Tarot*, 5 de abril de 8. Consultado el 5 de agosto de 5, http://www.ata-Tarot.com/reflections/04-05-08/secrets _of_Tarot_numerology.html.

Moore, Barbara. *Tarot para principiantes: A Practical Guide to Read- ing the Cards*. Woodbury, MN: Llewellyn Publications, 2010.

Papus. Pe. *Tarot de los Bohemios*. 2. Reimpresión. Edición digital. Consultado el 5 de agosto de 5, http://www.sacred-texts.com/Tarot/tob/.

Waite, Arthur Edward. *Pe Pictorial Key to the Tarot.* 1. Reimpresión. Edición digital. Consultado el 5 de agosto de 5, http://www.sacred-texts.com/Tarot/pkt/.

Weschcke, Carl Llewellyn, y Joe H. Slate, PhD. *Pe Llewellyn Complete Book of Psychic Empowerment.* Wood- bury, MN: Llewellyn Publications, 1, Capítulo 26, "Me Tarot: Tu camino hacia la buena fortuna", -.

Quinn, Paul. *Tarot for Life.* Wheaton, IL: Quest Books, 9.